A ARTE DE CONFRONTAR

Combata tudo o que o impede de começar a prosperar imediatamente

CONHEÇA NOSSO LIVROS
ACESSANDO AQUI!

Copyright desta onra © IBC - Instituto Brasileiro De Cultura, 2023

Reservados todos os direitos desta produção, pela lei 9.610 de 19.2.1998.

1ª Impressão 2024

Presidente: Paulo Roberto Houch
MTB 0083982/SP

Coordenação Editorial: Priscilla Sipans
Coordenação de Arte: Rubens Martim
Capa: Rubens Martim
Edição: Aline Ribeiro
Diagramação: Shantala Ambrosi
Preparação de textos: Luciana Siqueira

Vendas: Tel.: (11) 3393-7727 (comercial2@editoraonline.com.br)

Foi feito o depósito legal.
Impressão no Brasil

Dados Internacionais de Catalogação na Publicação (CIP)
de acordo com ISBD

M313a   Marçal, Pablo

A Arte de Confrontar / Pablo Marçal. – Barueri :
Camelot Editora, 2023.
128 p. ; 15,1cm x 23cm.

ISBN: 978-65-6095-027-6

1. Autoajuda. I. Título.

2023-3514   CDD 158.1
                                   CDU 159.947

Elaborado por Odilio Hilario Moreira Junior - CRB-8/9949

IBC – Instituto Brasileiro de Cultura LTDA
CNPJ 04.207.648/0001-94
Avenida Juruá, 762 – Alphaville Industrial
CEP. 06455-010 – Barueri/SP
www.editoraonline.com.br

PABLO MARÇAL

A ARTE DE CONFRONTAR

**ASSUMA O GOVERNO DA SUA VIDA!
ELIMINE SEUS BLOQUEIOS E CUMPRA SEU
PROPÓSITO PARA VIVER A PROSPERIDADE**

Camelot
EDITORA

Se você descobrir sua identidade de forma plena, viver seu propósito e se conectar com pessoas que fazem sentido para sua próxima fase, você vai explodir na vida.

Sumário

INTRODUÇÃO 7
1. PARA O EMBATE 8
2. INTUIÇÃO 10
3. PRESENÇA DE COMANDO 12
4. TEMPO 14
5. DRIVERS 16
6. CONFIANÇA 20
7. CONFRONTO COLETIVO 22
8. ARMADILHA DO ELOGIO 24
9. CONVITE AO CONFRONTO 26
10. ALIENAÇÃO 28
11. MENTALIDADE 32
12. RESOLVA SUAS QUESTÕES 35
13. CONTEÚDO VALE MAIS 36
14. VENDAS 37
15. O MAIOR CONFRONTO 38
16. PREGUIÇA E PROCRASTINAÇÃO 40
17. SISTEMAS CONFRONTADOS 44
18. IDENTIDADE, BLOQUEIO E PROPÓSITO 50
19. PROSPERIDADE 54
20. DEMÔNIOS DE ESTIMAÇÃO 60
21. PECADOS 62
22. CONTROLE MENTAL 64
23. MANUAL DE GOVERNANTE 67
24. ÁREA DE COBERTURA 68
25. PROPOSTA X PROPÓSITO 70
26. HIGIENIZAÇÃO 76
27. DÚVIDAS 78
28. CRENÇAS 86
29. CÓDIGOS 90
30. ADEUS, DEMÔNIOS! 94
CONCLUSÃO 97
BÔNUS – 100 CÓDIGOS PODEROSOS 98

Introdução

Confronto significa oposição violenta, choque, conflito, enfrentamento. Acredite, é preciso confrontar suas crenças, seus paradigmas e seus bloqueios. Também é necessário confrontar seus demônios de estimação. Essa é uma tropa que você recebe em casa e carrega para todos os lugares em que vai. Você os aceita e até cuida deles, porque são filhotes e parecem inofensivos. Só confrontando todos esses males, será possível descobrir seu propósito e prosperar na missão de cumpri-lo. Mas não confunda. Confronto não é gritaria, não é ficar com raiva, não é colocar o pé na porta. Confronto não é se rebelar ou ser anti alguma coisa. O enfrentamento é contra você mesmo. Você precisa confrontar o mecanismo que está dentro da sua cabeça. Se esse mecanismo não for questionado, você vai colher sempre os mesmos resultados. Ou resultados ainda piores do que os que colhe hoje. Como confrontar? É o que vou mostrar nas próximas páginas. Esse é um guia para você sair da inércia e acessar o caminho do chamado de Deus para sua vida. Ele te chamou para alguma finalidade, algum propósito. Quando você descobre qual é esse chamado, não tem erro. Você vai tocar o terror na Terra! Vai prosperar e transbordar prosperidade na vida de muitas outras pessoas. É disso que você e o mundo precisam. Vamos juntos até depois do fim!

PARA O EMBATE

Para crescer, é necessário confrontar a si mesmo. Quem não confronta, não cresce. Você precisa saber disso. E, para confrontar e crescer, é preciso saber fazer perguntas. Tem que perguntar o tempo inteiro. Por que penso desse jeito? Por que isso é assim? Por que agi desse modo? O confronto de verdade é movido por questionamentos.

Quando decidi seguir carreira política, ouvi com muita frequência a seguinte frase: "o Pablo é ingênuo". Em diversas situações na vida e na política, é preciso "entrar no jogo" para passar ileso. Por isso, sempre explico que confronto não é briga e chute na porta. Confronto é quando você para e sente dentro do coração que vale a pena comprar uma briga em favor de algo que acredita. Vamos brigar pelo que acreditamos.

Por que tem pessoas que prosperaram e você não? Existe um consenso geral que desconfia do sucesso alheio. As pessoas costumam pensar que há algo de errado com os afortunados. Já cansei de ver gente questionando o porquê do meu crescimento. Por que o Pablo cresceu tanto? O que ele faz de errado? A mentalidade do brasileiro é assim. A resposta para essas perguntas é muito simples. Faça perguntas. De onde esse cara veio? Com quem ele conectou? Do que ele abriu mão? Quantas coisas ele fez contra um monte de gente que falava que não ia dar certo e ele não ouviu? Depois, anote todas as respostas. Ficará fácil entender.

O confronto é movido por questionamentos.

5 AÇÕES PARA CONFRONTAR

1 NÃO EXISTE UMA VIDA SEM VÍCIOS. E qual é o código sobre isso? É preciso trocar o vício. Escolha aquele que faz bem para sua vida! Existem inúmeros vícios: há aqueles que possuem o vício de mentir, já há outros que tem o vício de prosperar. Eu tenho o vício de transbordar! E os seus, quais está escolhendo? Seu vício precisa edificar você e a sua família.

2 Confronte os seus pensamentos! Se não houver o próprio confronto, as pessoas lhe dominarão, e nem farão força para isso.

3 Como combate a falta de criatividade? Confronte-se e seja ridículo! Não tenha medo. Lembre-se: você é filho do Criador, logo é o criativo. Quem não é ridículo não acessa o extraordinário.

4 Pare de combater as pessoas! O confronto mais importante deve ser com você mesmo. Por isso, não perca tempo e faça o que tem que ser feito!

5 Você está satisfeito com a sua vida? Governe seus recursos, faça perguntas para você. O cérebro é o economizador de recursos, já o coração é o administrador de todos os recursos. A fonte da vida está dentro do coração.

INTUIÇÃO

Além de fazer perguntas, para confrontar é preciso seguir o coração. Quando me lancei pré-candidato à presidência do Brasil aconteceram experiências incríveis na minha vida. Mas, às vezes, tinha uma entrevista marcada e meu coração dizia para não ir. Não importa quem fosse o jornalista ou o veículo para o qual ele trabalhasse. Se eu sentisse que não deveria ir, simplesmente não ia. Já aconteceu de eu estar no avião a caminho de uma entrevista ou reunião importante e meu coração falar: "não desça nessa cidade". Imediatamente, chamava o piloto e pedia a ele que mudasse o trajeto. É preciso ouvir o coração.

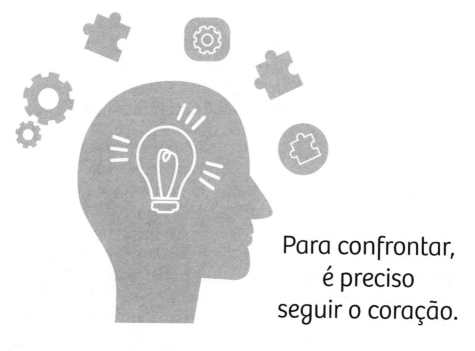

Para confrontar, é preciso seguir o coração.

AGORA É COM VOCÊ!

Fique em silêncio e questione o seu coração. O que você tem feito na sua vida é realmente aquilo que gostaria de fazer? Se não for, abaixo, liste os bloqueios que lhe impedem de fazer o que deseja e as possíveis soluções para dar vida ao que faz pulsar o seu coração.

PRESENÇA DE COMANDO

Depois que você confronta a si mesmo, quem terá coragem de confrontá-lo? Ninguém o fará. Você já ouviu falar em presença de comando? Só quem já confrontou a si mesmo tem. Isso não diz respeito ao tamanho do seu antebraço ou do seu braço romano. Nem das coisas que você acha que precisa fazer. Presença de comando é uma frequência e, quando você entra nela, os resultados aparecem. Ao alcançar essa frequência, você sabe quem é e todo mundo sabe o que pode acontecer quando você chega num ambiente ou se envolve em algum projeto.

TENHA ALTA FREQUÊNCIA

A presença de comando é uma energia que sai de dentro de você. Está na sua pisada, no jeito de andar e da frequência que você emite. Está no seu tom de voz!

Não ande com a cabeça baixa e nem com a voz frágil. Você tem que parecer uma máquina! Sintonize esta frequência! Tenha uma postura de general, e não de soldado.

Doutrine sua mente para a recompensa. Assim, seu cérebro consegue agir. Toda a dificuldade que tiver no percurso, se tiver uma recompensa, você resolve. Exemplo: "Eu vou fazer pela minha mãe ou pela minha família". Isso move você!

O SEGREDO PARA A CURA EMOCIONAL

1 As feridas que carregamos são frutos de relacionamentos, e não de coisas. Por isso, é tão importante parar de se importar com o que as pessoas falam sobre você. Em grande maioria, é mais sobre elas do que sobre você.

2 Ressignifique o que escuta de ruim sobre você: a pessoa pode estar com inveja de sua prosperidade e deseja lhe atacar. Eu já me importei com o que as pessoas falavam de mim, cheguei a ficar três dias de cama. Atualmente, não me importo mais com as ofensas contra mim.

3 A ferida mostra muito a fragilidade que carrega. A melhor maneira para não viver isso é ganhar resistência para não ter novamente esses ferimentos.

4 Reconheça a sua fragilidade, pois, quando faz isso, desejará rapidamente subir o nível. Você criará um antídoto. Não se preocupe: sempre vão decepcionar você. Contudo, o que importa é o que fará com isso.

5 A pior ferida emocional é a vitimização. Não assuma esse papel, confronte-se para não ser vítima.

TEMPO

Se você não se confrontou ainda significa que está dentro de um sistema que foi desenhado e não funciona mais. Pense nas quebras de monopólios que vêm acontecendo no mundo nesses últimos cinco anos. Tudo o que você achava que tinha uma única e absoluta forma de fazer, não é mais assim. A igreja que você conhece há milênios mudou. O táxi mudou, as formas de viajar mudaram, o livro mudou. Antes, para ler um livro, tinha que esfregar a mão numa folha. Agora, basta tocar na tela do celular. É por isso que tem um monte de gente que diz que o celular é do diabo. O diabo não é dono de nada, ele é posseiro. Ele toma as coisas dos outros. Mas vamos deixar para tratar desse assunto no decorrer deste livro. O que a gente aprende com as transformações e evoluções que se apresentam no mundo? Se você não confrontar o tempo, vai ficar guardado no passado ou ansioso pelo futuro. Tem que confrontar. É preciso renovar a mente todo dia para esse enfrentamento. Caso contrário, você vai ficar para trás.

> Tem que confrontar o tempo.

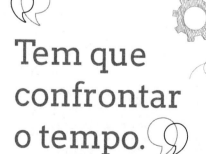

A ARTE DE CONFRONTAR | 15

AGORA É COM VOCÊ!

NÃO EXISTE NADA MAIS PODEROSO DO QUE RESSIGNIFICAR AS FERIDAS. Por isso, abaixo, identifique suas principais fragilidades/feridas e, ao lado, escreva como pode ressignificá-las. Lembre-se: ressignificar é dar outro sentido, outro significado.

DRIVERS

Sabe quantos anos levei para ter resultado com e-commerce? Cerca de 6 anos. E a razão para ter demorado tanto é simples. Não fiz testes suficientes durante esse período. Testei uma vez e desanimei. O primeiro teste foi em 2013, quando saí da Brasil Telecom. Só em 2019 o negócio começou a engrenar. E só aconteceu porque encontrei as pessoas certas para me associar. Como o Pablo, que atualmente domina o universo digital, fez isso com ele mesmo? Vários de vocês querem um jeito para ficar famoso. Vocês estão caçando fama, dinheiro ou poder. Encontrem os drivers mentais necessários para viver o que você quer. Corte a fama, o sucesso, o poder e o dinheiro. Encontre os drivers, ou seja, a mentalidade certa.

Quando decidi fazer o primeiro lançamento digital, encontrei um sócio, o Marcos Paulo, que usou o limite de crédito do cartão para investir em nosso negócio. Ele não tinha o dinheiro para pagar aquele empréstimo e mesmo assim, fez uma aposta acreditando que daria certo. Essa atitude me encorajou. Cheguei em casa e falei para a Carol que aquele cara acreditava mesmo em nosso negócio. Aquilo me deixou tão empolgado, que eu dei o meu melhor. E crescemos juntos no digital.

Associe com gente que tem algo que você não tem e não pare de testar até descobrir o último driver. Sabe por que fizemos os maiores lançamentos do País? Porque nunca importei com dinheiro. Ganhamos milhões, mas nunca importei com isso. Eu só queria dar tudo que eu tinha para meus sócios e pegar tudo que eles carregavam. E consegui.

Durante a pré-campanha à presidência da República, o que me separava da vitória nas eleições? Drivers. É isso o que fui buscar quando estive na casa do José Sarney, no escritório do

Michel Temer, no gabinete do Fernando Collor de Mello e no Planalto, com Bolsonaro. Pretendia falar com o Fernando Henrique Cardoso e com o presidente Lula. Alguém vai dizer que eu não deveria falar com o Lula. Amigo, o cara venceu cinco eleições. Posso não concordar com ele, mas sou um capturador de códigos. Apesar de a gente não acreditar, tem alguma coisa boa no cara. Não sei como encontrar, mas pretendia descobrir.

A ignorância e o fato de não desaprender não permitem que você capture os códigos. A distância que estava da presidência da República eram os códigos que não tinha. Fui atrás deles para abrir o cofre. E o cofre não tem nada a ver com a presidência, tem a ver com a minha cabeça. É uma frequência. Você tem que ver o tanto de gente com quem conectei nesse período. Nunca fiz tanta conexão em minha vida. Conversei com os presidentes dos partidos mais famosos. Fui às casas dos caras. E o tanto de gente com quem me reuni que havia sido presa na operação Lava Jato? Sentei com os caras e fiz muitas perguntas. Perguntei o que eles poderiam acrescentar ao Brasil e o que poderíamos fazer para melhorar as condições do País. Os caras são bons, mas fizeram besteira. Conheci muitos deles sem nenhum problema. Quando olhei para o primeiro político que fez lambança, meu estômago embrulhou. Mas meu coração disse que eu teria de aprender com todos. Esse não é um jogo de menino. Tomei um remédio para o estômago e comecei a aprender com todo mundo. Somos intolerantes e quem é intolerante aprende menos. Você não precisa fazer as mesmas coisas que as pessoas, mas tem que ouvir todo mundo. Retenha o que for bom.

A distância que você está do seu objetivo são os drives. Para ser empresário precisa de drive, para ser cantor precisa de drive, para ser político precisa de drive. Tudo precisa de drivers. Drive não é teoria, é experiência. Arrume um povo para prosperar contigo. Ninguém prospera sem energia. Nunca imaginei que ia mexer com marketing digital. Se você conhece minha história, sabe que não investi dinheiro nisso. Não destinei um único real para essa área. Sabe como comecei? Fiz os primeiros lançamentos sem nenhum tráfego e o retorno foi aumentando. Eu reaplicava o lucro no negócio. A partir do terceiro lançamento, ele já se tornou lucrativo.

Amo quando alguém diz "você não está seguindo a tendência". Quem segue tendência está ligado ao passado. Quem testa todos os dias e confronta o tempo, descobre novos testes e, como consequência, novos resultados. É como num laboratório. Leonardo da Vinci confrontou o tempo e criou o paraquedas. Ele observou que as aves conseguiam voar ao abrir as asas. Então, questionou como o ato de abrir as asas ao vento permitia a esses animais planarem sem muito esforço. Essas perguntas o levaram a testes, e os testes o levaram ao resultado: o paraquedas. Outro cara confrontou o ar para criar o avião. Sei que é triste para nós, brasileiros, mas não foi o Santos Dumont quem criou o avião. Foram os irmãos White. Eles inventaram o avião, só que o deles não tinha motor. Contudo, quem conseguiu colocar um aparelho com motorização no ar pela primeira vez foi Santos Dumont. O homem confrontou o ar e fez um equipamento de toneladas voar. Fez um navio com centenas de milhares de toneladas flutuar sobre as águas. Você já parou para pensar em como isso é possível? O avião voou porque alguém confrontou o ar. O navio flutuou porque alguém confrontou a água.

“Quem odeia confronto é medroso.”

CONFRONTE E CONQUISTE QUALQUER LIBERDADE

LIBERDADE EMOCIONAL

Esta é a mais importante das liberdades. A emocional faz você agir de maneira qualificada para atingir qualquer outra liberdade. Por isso, você deve governar o tempo inteiro, mesmo quando não estiver bem. É na fase ruim que conseguimos crescer exponencialmente.

Para você garantir essa liberdade, é necessário confrontar pessoas. Não é sobre ganhar uma luta, e sim se posicionar.

O melhor caminho é resolver as suas feridas. Não coloque para debaixo do tapete. Confronte o que lhe machuca e pergunte-se: "O que eu posso fazer com isso?".

Registre esse drive mental: quanto pior, melhor. Essa é a teoria do caos. Se você sempre tiver em busca de bem-estar, você evitará o caos. Ficará sempre se escondendo, sairá do palco da vida.

LIBERDADE FINANCEIRA

Antes de mais nada, saiba que o que administra o financeiro é o emocional. Estando bem emocionalmente, conseguirá diversificar as rendas e aprenderá a delegar para crescer.

LIBERDADE GEOGRÁFICA

Tendo as liberdades emocional e financeira, terá acesso aos lugares que sempre desejou pisar.

CONFIANÇA

Por que você precisa confrontar? Porque tem coisas que não foram descobertas ainda por você não ter confrontado nem a si mesmo. Você precisa se confrontar. Todo mundo precisa. Certa vez, perguntaram para mim se havia alguém que eu admirava profundamente, aquela pessoa que me fazia tremer ao chegar perto. Dos vivos, não tem ninguém. A minha frequência foi sendo modulada e parei para pensar: quem é a pessoa que faz meu bigode tremer? Hoje, nenhuma pessoa tem esse poder. Já passei mal perto de gente importante até descobrir o tanto que eu era importante. Eu tive que me confrontar. Você também tem que fazer isso.

A situação da nação está muito muito interessante. Parece que só existem duas opções. Dois únicos caminhos. E todo mundo escolhe um ou outro, como se fossem zumbis. Confronte a si mesmo. É isso o que você quer para sua vida? Um caminho ou o outro? Tínhamos apenas duas opções? Bolsonaro ou Lula? Quero fazer uma pergunta. Você conhece alguém realmente apaixonado pelo Brasil, que acredita num País diferente, que desejava votar no Bolsonaro ou no Lula? Você conhece alguém que realmente acreditava que o Brasil poderia mudar nas mãos deles? Ou a maioria da população escolheu um para tirar as chances do outro? Percorri 32 mil km durante a pré campanha eleitoral e perguntei às pessoas se elas acreditavam que os candidatos líderes nas pesquisas iriam resolver os problemas do Brasil. A resposta foi sempre a mesma: não acredito, mas vou votar nesse aqui por causa daquele outro. É o jeito mais fácil de enganar quem não vai para o confronto. Quem gosta de confronto, anularia os dois que já tiveram a chance e escolheriam outro. Qualquer outro. Não importa. Mas o Brasil odeia confronto. É por isso que o País não cresce.

AGORA É COM VOCÊ!

VOCÊ TEM CONFIANÇA EM SEU POTENCIAL?
Quais aspectos que necessita aperfeiçoar em você para acreditar mais em suas ações e, consequentemente, em sua prosperidade?

CONFRONTO COLETIVO

    Achei bonito falar que colocar câmeras nos uniformes dos policiais está salvando vidas. A maioria dos crimes está aumentando. Aumentou o índice de latrocínio e de assassinato. Mas alguém afirma: "estão morrendo menos policiais". Claro, eles estão sendo filmados. Nós vamos filmar os super-heróis? E quem vai defender a população? Eu sei que você ama esse tipo de coisa. Alega que nos Estados Unidos o policial é filmado. Nos Estados Unidos, o povo é educado. Nos Estados Unidos, não existem dezenas de facções criminosas. Por que estou falando sobre isso? Porque se essa questão não for confrontada, esse País ficará pior do que está. Esse País vai afundar ainda mais sem o confronto. Não acredito que a política vá mudar a vida de ninguém. Não muda. Se você não confrontar quem é, quem é Deus e qual é o chamado Dele para sua vida, esse País não vai mudar. Se não confrontar todos os dias até chegar no chamado, tudo ficará como está.
    Eu imaginava que o problema da educação no Brasil era de falta de recursos. Não é. Podem destinar dez vezes mais dinheiro para a educação e nada vai mudar. Se não ensinarem nosso povo a ir para o confronto, tudo ficará como está. Ou pior. Precisamos de pessoas que lutem pelo País. Mas não estou convocando você para revolucionar o Brasil. Estou dizendo: vá cuidar da sua vida. Vá confrontar aquilo que está guardado aí e você nem sabe onde está enterrado. Não sei se já parou para pensar, mas quem tem

A ARTE DE CONFRONTAR | 23

> Prosperar significa crescer. Quem pode lhe impedir de prosperar? Apenas você mesmo! Por isso, você deve ter o controle mental absoluto. Se alguém lhe irrita ou você fica de cama pensando no que fizeram com você, significa que não tem o controle absoluto da sua mente.

> Não tenha medo e saiba que apenas existe uma possibilidade: prosperar. Lembre-se: teoria X prática X constância. A teoria existe e funciona, porém é preciso testar e colocar em prática. A constância é fundamental para plantar constantemente e começar a obter os resultados.

> Pense como um adulto deve pensar: mesmo não gostando e/ou não estando bem, eu vou fazer o que precisa ser feito hoje. Somente as crianças podem fazer o que gostam, os adultos não podem ser assim.

um cabelo de uns 15 cm, deve ter 40 km de fios. Imagine só, são 40 km de fios. Tem gente que tem muito mais. Imagine o tanto de riqueza que está guardada aí e você nunca confrontou e nunca foi atrás. Existem ilhas neurais dentro de sua cabeça que são ilhas de riqueza. Porém, você só irá acessá-las depois que começar a andar com dez pessoas que estão nessa frequência. Não tem outro jeito. Não tem verbalização, não tem positividade que vai fazê-lo acessar isso. Mas se você confrontar, vai. É como saltar de paraquedas. Vá fazer isso para ver se não sobe de dimensão. Quando estiver lá em cima pronto para saltar, vai se arrepender, vai pensar "que besteira estou fazendo". Depois, seu cérebro dirá: "agora, você não é mais banana para isso, vamos encarar outra coisa".

ARMADILHA DO ELOGIO

No dia em que decidi escrever meu primeiro livro, veio no meu coração que eu não era capaz. No dia em que fiz a palestra mais assistida da minha vida, das mais de 3 mil que já ministrei, pensei o mesmo. Esse negócio não vai pegar. O interessante é que se você não se confrontar, não vai dar certo mesmo. Você não vai testar e não vai ter coragem de se expor. É muito difícil assumir algo novo e todo mundo tirar sarro da sua cara. Uma crítica custa caro. Mas só custa caro para quem vive de elogio. Para quem é fã de elogio. Eu sou um bicho do mato em relação a elogio e crítica. Fulano está te criticando. Problema é dele. Fulano te elogiou. De novo, o problema é dele. Tem gente que chega com muito cuidado perto de mim e fala: "você não gosta de elogio". Quem disse isso? Eu adoro, só não uso para nada. Eu gosto de ver vitrines e não comprar. Você também gosta, não é? Não vai mudar nada ver a vitrine. Elogio para mim é uma vitrine. Não é meu. Alguém colocou numa vitrine e está querendo tomar meu tempo com ele. As maiores bobagens que você fez em sua vida amorosa, financeira e de networking foram por causa de elogio. Se a pessoa te elogiar uma vez dizendo que você é a melhor pessoa do mundo, deixe passar. A pessoa falou duas vezes, saia correndo. Na terceira, não ouça mais. Caso contrário, você vai cair numa armadilha. A gente quer ter sempre paz, mas isso é uma mentira. Você não tem paz. A gente quer estar bem com

> *As maiores bobagens que você fez em sua vida amorosa, financeira e de networking foram por causa de elogio.*

todo mundo. Eu não quero isso. Entendi que não precisa ser assim. A cada novo nível que alcanço, faço uma resolução. Dessa vez, de jeito nenhum, vou arrumar treta com alguém. Mas não tem como. Quando você descobre que para crescer tem que ir para o confronto, a treta vai surgir.

Não se cresce com elogios

Não necessite de elogio para crescer. Isso está relacionado ao bloqueio de necessidade de aprovação. Caminhe sem ter a precisão de ser elogiado.

Quando receber um elogio, apenas cheire-o. Não coma-o! Cuidado com elogios! Quando alguém me diz: "Você mudou a minha vida". Já respondo: "Não fui eu que mudei. Você se movimentou para fazer a mudança!". A maior parte das traições começa pelo elogio. A pessoa está carente e pesca a isca do elogio. Pronto, estará aberta ao que não pode ser feito.

CONVITE AO CONFRONTO

Vou assumir uma coisa pela primeira vez. É dolorido ter que assumir, mas você não sabe o que estou passando. Descobri que sou arrogante. E muito. Sabe por quê? Porque diversas vezes, quando tem gente enchendo o meu saco, penso que não tenho de passar por isso. E vazo. Vou para o confronto. Falo para mim: pegue suas armas e vamos ver se você dá conta de sair vivo. O confronto é comigo mesmo.

Esse é o confronto que eu quero te convidar a entrar. Confronte a si mesmo. Esse é o único jeito para subir de nível. E como é difícil subir de nível. Espero um dia subir a ponto de não precisar confrontar mais. Mas esse dia só na glória. Enquanto não estiver com o corpo glorificado, você vai se ferrar aqui na Terra. E eu vou te falar, só vai para o próximo nível se tiver coragem de ir para o confronto.

Toda vez que você foi para cima de alguém que morria de medo, o confronto não era com a pessoa, era com você. Já parou para pensar nisso? Tem gente que te irrita e você não tem coragem de enfrentá-la, porque só a irritação que ela produz te deixa doido. Esses dias alguém veio me encher o saco por uma profunda loucura e eu falei que aquela era a última vez que ele faria isso. Parti para o confronto. Senti que precisava fazer isso por mim, não pela pessoa. Quando fiz por mim, a pessoa desligou e não me encheu mais o saco. Tem momentos que tem que confrontar. Você acha que aquilo vai magoar o outro, mas aquilo vai te fazer ficar tão bem. E aquela pessoa que gosta de te encher o saco, não vai voltar.

Tem gente que confunde confronto com ser uma pessoa destrambelhada. Tem nada a ver. Não é sobre ofender os outros, é sobre descobrir o que está aí dentro de você. E eu acredito que se você descobrir sua identidade de forma plena, viver seu propósito e se conectar com pessoas que fazem sentido para sua próxima fase, você vai explodir na vida. Mas tem gente que prefere deixar tudo como está para não desapontar a mãe, o pai, o irmão, os amigos, o sócio e não sei mais quem. É mais cômodo. Quem quiser ir para o enfrentamento, terá que decepcionar os outros. Não tem outro jeito. Essa é uma das tarefas que dou para os meus alunos do programa 10 em 1. A maioria não cumpre. Tem gente que manda áudio chorando para avisar que não dá conta de decepcionar as pessoas. A minha resposta para todos é: vá cuidar da sua vida e faça a tarefa. "Ah, eu não dou conta de decepcionar a pessoa". Qual é o programa que você usa? O Windows 95? O que adianta ser um computador de U$ 60 mil dólares e usar o Windows 95? O que adianta ser um Tesla com motor de Fusca? O que adianta ser um jato com o motor do 14-Bis? Não é um jato, não é um Tesla, não é um computador de última geração. Você é a sua programação, mas seu hardware fica mentindo. Você tem tanta potência, mas seu programa não funciona. Por que tem que confrontar? Porque o hardware e o software têm que entrar em sintonia. Têm que ter equivalência. Caso contrário, não há resultado.

Tem muita gente que se queixa para mim sobre não alcançar resultados. Não tem, porque não tem paciência. Não tem, porque não é persistente. Não tem, porque não é confrontante. Não tem, porque fica esperando alguém fazer por você. Ninguém vai fazer por você. Nem mesmo seus pais. Eles nem confrontaram a si mesmos, como vão fazer por você o que não fizeram por eles? Alguém pode dizer: "meu pai confrontou". Se ele confrontou, também não vai fazer por você. Nos dois cenários, tenha convicção do que estou falando. Se ele fez, vai dizer: cada um faz o seu. Vai sobrar para você de todo jeito.

ALIENAÇÃO

Como é terrível ouvir uma pessoa alienadora. Uma pessoa alienada também é horrível. Um é dependente do outro. Um é alienador porque é inseguro. O outro se permite ser alienado porque é inseguro. Um inseguro andando com dez inseguros, vira o alienador. Qual é o motivo para uma pessoa aceitar ser alienada? Insegurança. Por que a gente tem que confrontar? Para não ser alienado. Todo alienado não confronta.

Como é bom olhar para trás e ver todas as pessoas que confrontei. Lembro de quando estava na quinta série e o professor disse: "você veio do macaco". Eu respondi: "não tem problema você ter vindo, mas a minha família não veio". Você acredita que eu não tinha ninguém para trocar ideia na escola? Ninguém concordava comigo. O professor me chamava de "crentinho" vagabundo. Tinham 70 pessoas dentro da sala de aula na escola pública, a maioria era cristã, mas ninguém tinha coragem de se posicionar. Como eu questionava o professor, todo mundo dizia que não passaria de ano. Só por causa desse confronto, tive que estudar. Então, arrebentava nas notas. Confronto é sempre positivo.

Já na faculdade, tive um professor de Direito Constitucional que me odiava. Eu discordava da doutrina que ele ensinava e ele dizia que eu teria de concordar se quisesse tirar uma boa nota em sua prova. Decidi que ia passar na matéria e, para isso, estudei Direito Constitucional com os livros do ex-ministro Alexandre de Moraes. Todo mundo fala mal, mas ele é um grande doutrinador. Então, decidi confrontar esse professor lendo coisas do Michel Temer e do Alexandre de Moraes. Nem imaginava que ele viria a ser Ministro do Supremo Tribunal Federal. Só que na hora em que mostrei ao professor o ponto de vista desses caras, ele ficou nervoso, passou a me perseguir e disse que ia me reprovar. Não tinha como ele fazer isso, porque meus argumentos eram baseados em doutrinas de gente de relevância. Na quinta série, estava confrontando. Na graduação de Direito, estava confrontando. Em todos os lugares pelos quais passei, confrontei. É por isso que cheguei aqui.

Temos impedido as pessoas de terem seus próprios confrontos. Por exemplo, o Brasil não vai à guerra há mais de 70 anos. Você deve estar pensando: "o Pablo está maluco, quer ir à guerra?". Sim, quero. É mais do que hora de enfrentarmos nossa guerra interna. A guerra que perdemos para a criminalidade, para as drogas e para tudo de errado que está acontecendo aqui. Tem guerra todo dia nesse País. Ninguém tem coragem de confrontar isso. Um povo banana vai confrontar o quê? Nosso povo não dá conta nem de confrontar o professor malandrão que quer doutrinar e fazer de todo mundo um militante.

Tive um professor que colocou na minha cabeça um tal de marxismo cultural. Ele me ensinou que tudo o que Karl Marx pregava era do bem. Eu acreditei naquilo. Lembro o dia em que comecei a prosperar, ainda no ensino médio. Encontrei o professor no Facebook e disse: "cara, você me enganou". Ele disse que não e começou a discorrer sobre o princípio da mais-valia e que todos os proletariados são escravos. Rebati que aquilo era tudo mentira, porque eu tinha conseguido prosperar. Ele até me bloqueou no Facebook, porque eu disse que não adiantava ser comunista e andar de Harley-Davidson. Não confrontei esse cara na época, mas depois que prosperei, disse a ele que o comunismo é um equívoco. Não conheço nenhum comunista, que vive sob o comunismo, dizer que isso é bom. Quem diz que é, não mora lá. Vá para a Venezuela ver como funciona. Por favor, use seu cérebro. Pare de falar que não gosta disso ou daquilo. Questione.

Eu adoro quando vou falar algo e alguém diz "não concordo". E daí? Faça perguntas para aquilo que você não concorda. E esqueça essa besteira de falar que não concorda com alguma coisa. Isso não é confronto. Vá para cima, vá descobrir a verdade. Eu amo meus filhos porque eles fazem perguntas que me colocam contra a parede. Brinco que vou bloqueá-los. Então, alguém me lembra que eu os destravei justamente para serem questionadores.

Para confrontar a dependência emocional, tem que rolar decepção. Como eu decepcionei e confrontei uma tal de Carol (minha esposa). Ela dizia: se você morrer, eu morro. Não tem nada a ver. O que acontece se você não confrontar? Vai ser um alienado a vida inteira. E se não confrontar rapidamente, você vai alienar alguém. Esse é o problema. A maioria das coisas que você acha que é problema, na verdade é só uma falta de sintonia. Assim como o rádio. Colocou na estação certa, funciona. Tem um tanto de gente que fala para mim: "Pablo, o que você fala não é para todo mundo". É para qualquer um que deixa de ser qualquer um.

Onde está a raiz de tudo? Na identidade. Confronte a maneira como você se vê. Acredito que 100% das pessoas precisam ressignificar a autoimagem. Infelizmente, a autoimagem da maioria de nós reflete a forma como as pessoas nos enxergam e não quem realmente somos. Reconhecer a identidade é algo que deveria ser ensinado no ensino fundamental. Mas o que querem ensinar na escola hoje em dia? Responda você.

Sou a favor da liberdade. Ensine o que você quiser dentro da sua casa. Dinheiro público é para as pessoas produzirem. Não sou contra as crenças de qualquer pessoa. Problema dela. Se ela acredita em algo bacana, ensine em sua casa. Sou cristão e não quero que ensinem cristianismo na escola. Sabe por quê? Porque nós estamos na geração de gente louca. Um cara que é alienado, vai ensinar um cristianismo alienante. Daquele tipo que aponta o dedo na cara dos outros e não os deixam ser o que querem. Então, a religião deve ser ensinada em casa e na igreja.

Você tem que descobrir quem é agora. Não é nada de profissão que vai definir quem você é. Nós somos enganados de geração em geração achando que a nossa identidade é a nossa profissão. Nunca foi. Existem gerações que colocavam sobrenomes nos filhos pela profissão dos pais. Veja a que nível já chegamos. Você precisa descobrir quem é, a sua identidade. Você é um governante, é imagem e semelhança do Criador. Ser um brasileiro, um pai, isso é da identidade. Isso é inegociável.

Não deixe treinarem você para ser um zé-ninguém na vida. Como faz? Tem que aprender. Mas vou te falar, a maior luta que tem no cérebro não é aprender. Aprender é fácil, desaprender é difícil. Tem um monte de gente que não tem coragem de desaprender. Sabe por que viramos um povo intolerante? Porque a gente tem orgulho só no aprender, no desaprender não. Quem é desapegado, desaprende rápido. Tem que desaprender porque muita coisa está errada em sua cabeça. Muito conceito informal na sua mente, muitas coisas que nunca foram nem testadas e você acredita como se fossem validadas. Nunca foram. Ficou pleno na identidade, não tem como falhar.

DICAS PARA ENCARAR UMA PLATEIA

Imagine um rio. Tem gente que não sabe o que fazer com a água. Deixe ela vir canalizada para aquilo que você quer.
Se quiser levar para uma lavoura, dá para levar. Mas não dá para beber esse tanto de água. Você afoga. Assim é a energia humana. Tem gente que fala: "eu ensaio minha palestra sozinho". Não funciona. Tem que ter energia humana. Vejo um monte de gente que é sensacional sozinho, no individual, mas na hora de peitar uma plateia, fica louco. Uma plateia tem acúmulo de energia e a pessoa não sabe o que fazer com aquilo. Tem gente que dá palestra para 200 pessoas e está em paz. Mas quando vai falar para 5 mil, trava. Já dei palestra para 20 mil pessoas. Todo mundo em volta perguntou se eu estava nervoso. Nervoso por quê? Não importa se são 10 mil ou 100 mil pessoas. Minha live mais poderosa passou de 500 mil espectadores. Não mudou nada na minha cabeça. A plenitude não está na quantidade de gente que te ouve. Lembro como eu achava ruim pouca gente me ouvindo, mas um dia sarei minha identidade e percebi que tanto faz ter três pessoas ou 30 mil. Isso diz respeito à sua identidade e não à quantidade de gente que o está assistindo.

MENTALIDADE

Precisamos mudar a mentalidade das pessoas. Os problemas do Brasil, por exemplo, poderiam ser resolvidos com a mudança de pensamento do nosso povo. Em vez de aumentar os investimentos na Saúde, por que não colocar as pessoas para fazerem exercício? Aumentar o dinheiro em segurança pública vai resolver o problema da violência? Para dar um jeito nessa questão, é simples. Vamos resolver o problema de paternidade. Pais ausentes, pais que fazem filhos e os abandonam pelo mundo, são os grandes responsáveis pelo problema. Resolva isso e teremos uma escandalosa queda de criminalidade. Quem já questionou isso nesse País? Precisamos questionar, confrontar.

O problema da segurança pública é um problema de educação. A família não educa. Aí a criança vai para escola, conhece uns capetas e pronto. Pela escola que fiz, tinha que ter virado bandido. Vi vários amigos sendo assassinados. Quando você é treinado para não dar certo, já era. Quando estudei Direito, defendia a diminuição da maioridade penal para 16 anos. Hoje, não defendo isso nunca. Eles são conscientes? Sim, são. Mas cadê a ressocialização? A pergunta que eu só descobri quando aprofundei na política: como ressocializar alguém que nunca foi socializado? Você já parou para pensar nisso? O que mais tem é bandido que nunca foi socializado. Como vou ressocializar alguém que é como se fosse um primata? Que realmente não quer fazer nada, não quer ser alguém de bem.

Como você suporta o Presidente da República dizer que o País tem que reeducar os policiais e suavizar a questão das drogas? Tem que trancar oito mil km de fronteira para não deixar entrar arma nesse País. O que desencadeia esse tanto de assassinato, de tráfico de drogas, esse tanto de demência que a gente tem são as armas que entram aqui. E o mesmo cara que falou isso foi quem aprovou o estatuto do desarmamento. Não sei se você sabe, mas esse é um código de todo governo vermelho. A primeira coisa que faz é desarmar a população. Por que não desarmam os bandidos? Eu acho bonitinho demais alguém da organização civil, um cidadão de bem, dizer que não quer uma arma. Amigo, você está mais seguro na Ucrânia do que no Brasil. Aqui, tem 40 mil assassinatos por ano. Vai contar lá na Ucrânia para ver se bate 15 mil. Pode passar um ano inteiro lá e o Brasil ainda será mais inseguro. Por que temos essa criminalidade toda? Por causa de famílias desestruturadas. Confronte.

Meu marido fez algo que não gostei, vou largá-lo. Você é uma menina mimada, você é um cara mimado que não aguenta uma família. Siga o conselho do apóstolo Paulo: não case. Fique sozinho. Mas, se você for peitar isso, não desista da sua família. Lembro o dia em que o cantor Gusttavo Lima deixou a mulher. Teve um tanto de gente que quis largar também. Cuide da sua vida. Cuide do seu casamento. A recomendação que eu dou para todo mundo é: não case. Não estou de brincadeira, eu falo para não casar. Mas se casar, morra por isso. Tem pessoas que já divorciaram três vezes. A culpa é só dela. Não adianta culpar os três maridos ou as três esposas. A culpa é de quem não sabe escolher nem morango, que dirá gente. Tem gente que não sabe escolher mexerica. Tem gente que dá uns tapas na melancia só para imitar o pai, mas nem sabe para que serve o tapa. Primeira coisa que tem de fazer: escolha a si mesmo. Confronte a si mesmo. Descubra quem você é. Antes disso, não case. Faça esse favor. Imagine uma pessoa colocando um monte de gente insegura como ela na Terra. Um tanto de gente medrosa. Certa vez, alguém falou para mim:

"ninguém vai aguentar seus filhos". Pois é. Não entre na frente deles, porque os bichos são terroristas. Fazem tanta pergunta que dá até vergonha. Mas vou falar, eles vão prosperar.

Seja uma pessoa boa, mas nunca seja bonzinho. Alguém falou para mim ao telefone "fiquei com tanta raiva a ponto de querer avançar em você". Sou uma pessoa boa, mas respondi na mesma hora: "cai para dentro". Resolva o que precisa ser resolvido em sua vida. Cai para dentro. Não sou uma pessoa boazinha. Nunca fui e não pretendo ser. Seja uma pessoa boa, mas, se precisar ir para o confronto, vá. Sabe qual é o problema? Você é da geração que não vai descascar mexerica, vai comprar na bandeja. Essa geração está complicada. No dia em que eu vi no supermercado a mexerica descascada, desisti da Terra. Vamos recuperar isso aqui. Ainda dá tempo, ainda tem mexerica com casca no mercado.

5 CÓDIGOS PODEROSOS

Confronto é diferente de afronta. Confronto gera edificação, e afronta gera humilhação.

Atualmente, para estar acima da média, não precisa fazer nada de extraordinário! Faça somente as coisas certas.

O passado já foi. O futuro é incerto. Por isso, decida viver a sua melhor versão todos os dias.

Elimine o medo, a frustração e a incerteza que a vida lhe causou. Resgate o seu rugido e suas garras de volta, porque o leão da tribo de Judá habita em você. Vá a luta!

O maior retorno que você precisa buscar é na sua mente e no seu coração, e não em coisas terrenas.

RESOLVA SUAS QUESTÕES

Antes de tudo, vá resolver o problema da sua casa, da sua família. Estamos nos tornando uma geração de gente doente. Tudo porque somos proibidos de confrontar. Vá para cima. E se der errado? Ótimo, você aprende e não volta a repetir o mesmo erro. Vai errar em outra coisa. Mas vá para o confronto. Está há 20 anos no mesmo emprego? Confronte o que você está fazendo lá até hoje. Lembro do dia em que decidi sair da Brasil Telecom. Meu cérebro quase desligou. Eu tinha certeza que ia ser presidente da empresa. Mas senti que era hora de jogar tudo fora. Meu coração falou: saia. Já o meu cérebro disse: não faça isso. Tive que confrontar a lógica. Tive que confrontar meu cérebro dizendo: "Pablo, você é o executivo mais novo da história da companhia, vai dar certo". E meu coração falava: "jogue isso fora". Eu joguei fora e valeu a pena.

Empresa não é cumprimento de propósito, empresa é o meio. Tem gente que acha que nasceu para trabalhar em determinada empresa. Não nasceu. Você escolhe até quando quer ficar com isso. Empresa é ferramenta, não é propósito. Função, cargo e salário são ferramentas. Você foi chamado para multiplicar, governar e transbordar. Guarde essas três palavras. Quantas vezes fui jogando coisas fora. Sabe por quê? Por causa de um simples confronto. O que eu quero falar para você é: o mundo vai de mal a pior porque você não confronta aquilo que precisa ser confrontado. Tem como mudar o País? Não tem como mudar o País, mas tem como mudar o brasileiro. O País é o brasileiro. Mas não muda de fora para dentro, é de dentro para fora. Temos que ajudar a amadurecer esse povo. É um povo banana. Quero ensinar essa geração a confrontar para crescer.

CONTEÚDO VALE MAIS

Na China, não deixam contas de gente palhaça crescer no Tik Tok. Lá, só conteúdo viraliza. Se você faz um bom conteúdo, o algoritmo levanta sua conta. No Brasil, é o contrário. Quanto mais idiota o conteúdo, mais a pessoa é promovida. Aqui, para bombar no Tik Tok tem que fazer dancinhas. Eu não vou fazer. Não vou bombar. Eu confrontei e vou ficar de fora. Tem gente que pensa que esse é o único jeito de crescer. Deixa eu te contar coisa, use seu cérebro. Use seu coração. Me chamou muito a atenção o que a China está fazendo, porque eles não querem uma geração de imbecis. Isso não te choca? Lá é uma massa de gente. É um povo povo paupérrimo. Mesmo assim, debaixo de ditadura, os caras decidiram não permitir que o povo fique idiota. No nosso País, é obrigado ser idiota.

> Nosso problema é acreditar em mentira e ter resistência para a verdade.

VENDAS

Certa vez, quando era funcionário da Brasil Telecom, questionei porque não conseguiam vender um determinado produto. Então, decidi que seria o funcionário recordista de vendas. Comecei a trabalhar nisso, montei um time, treinei essa equipe e o faturamento disparou. Todo mundo ficou chocado. Tem que confrontar. Um dia alguém falou para mim: "vou te ensinar uma tática de venda infalível". E a pessoa disse: "o não você já tem". Prontamente, retruquei. Só um imbecil poderia ter criado isso. Está errado. Veja o que descobri. O sim sou eu quem carrego. O não é somente para quando eu não estiver a fim de vender. Vou explicar. Eu não carrego o não. Eu não tenho o não. O sim sou eu. O sim que as pessoas estão procurando. Não importa se há anos as coisas são feitas de uma determinada maneira. Temos que confrontar e mudar. Foi isso o que eu fiz. É por isso que sei vender tão bem. O melhor método para vender qualquer coisa é o exemplo. Vou exemplificar. Você está obeso e toma alguma coisa para emagrecer. Então, mostra que aquele produto funcionou. O testemunho é a coisa mais poderosa. Esse é o melhor método de venda.

Todo mundo que faz o que a gente ensina fica rico. Claro que tem gente fraudulenta. Em todo lugar tem. Você vai à igreja, tem um pastor fraudulento. Você vai procurar a medicina, tem médico fraudulento. Tem empresário fraudulento. Tem um monte de gente fraudulenta. Mas se você aprender os algoritmos da internet, vai ficar rico. Não tem como ser diferente. Você está numa geração em que todo mundo consume o tempo todo. Não tem como não lucrar com isso.

O MAIOR CONFRONTO

Você sabe quando um filho vira homem de verdade? Quando confronta o pai dele. Estou louco para ver meus filhos fazerem isso. Eu os treino para me confrontarem. Quando a força deles sobressair, saberei que viraram homens. Sem querer ofender ninguém, mas tem um monte de gente que está escrito sexo masculino na identidade, mas não é homem. Não é, porque não foi para o confronto nem com o pai. Tem que ir. E não pense que é falta de respeito. Isso é um certificado. Na religião judaica, por exemplo, existe um ritual para meninos virarem homens. Nós não temos nada parecido. Eu instigo meus filhos desde pequenos a virem para cima de mim tomar o bastão da minha mão. Você acha que isso acontecerá quando eles tiverem 18 anos? Eu acho que será aos 11 ou 12 anos.

Desde criança, nunca andei com gente da minha idade. Estive sempre com gente mais velha. Você pode pensar que perdi minha infância com isso. Perdi mesmo, poderia ter brincado mais. Mas hoje, se quero ser piloto de rali, vou lá e compro um carro de R$ 300 mil. Se quero comprar um avião, compro. Faço o que quero. Acho que é mais divertido passar uma vida inteira governando do que exercer essa infantilidade exagerada que não tem em nenhum país oriental, só tem no ocidente. Quando tinha 16 anos, andava com cara de 20. Eu sempre andei com gente mais velha, porque não tinha paciência com gente mimada. Tem muita gente que estranha o fato de eu ter 36 anos. As pessoas nos rotulam pela idade. Fomos programados para não ser nada aos 36 anos. Qualquer brasileiro que entender isso aos 12 anos será bilionário aos 30.

O SÓCIO

O empresário e apresentador do programa O Sócio, Marcus Lemonis, salvou uma empresa de brinquedos norte-americana da falência. Num dos episódios do programa no qual o apresentador recupera empresas que se encontram em dificuldade, perguntou se já haviam entregue os brinquedos nas mãos das crianças para observá-las brincando. A resposta foi que criança não entende de produção de brinquedos. E o Lemonis insistiu que são elas eram o público, elas iriam brincar. Então, entregaram os brinquedos encalhados às crianças, que deram outras perspectivas àqueles produtos. A empresa, que fabricava carrinhos, foi recuperada, fechou contrato com a Nascar e explodiu. Gosto muito do programa O Sócio. Vale a pena assistir a todos os episódios. Tenho muitas empresas por causa do Marcus Lemonis. Quando eu o assistia, não tinha nenhuma e sonhava ser sócio dele. Até que um dia entendi eu sou o Marcus Lemonis. Posso ser sócio de quem eu quiser.

O maior confronto da minha vida foi quando tive que deixar de ser menino e ir para cima do meu pai. Meu pai é um cara muito bom, só que ele está me controlando emocionalmente até hoje. Teve um dia em que resolvi dar um basta. Foi bem na época do meu casamento. Virei homem mesmo. Depois disso, nunca mais ninguém me colocou medo. Quando você vai para o confronto, funciona.

Ao longo da sua trajetória, você terá de confrontar muitas pessoas. Mas, na verdade, o confronto é com uma pessoa só. É com você. Tem 7,8 bilhões de guerras acontecendo agora na Terra. É a quantidade de gente viva no planeta. É uma guerra contra você mesmo. Vou contar a guerra em que eu estava. Era uma guerra com a política. Entrar para a política foi um grande confronto. Mas não chegou nem perto do confronto que tive com meu pai. Eu tinha tanto medo de chegar perto dele para tratar disso que tinha a impressão de estar falando mal de Deus. Tem que ter esse confronto, senão você não vira homem, não vira mulher de verdade. Senão, você não pode ser chamado de alguém pleno. Tem que fazer.

PREGUIÇA E PROCRASTINAÇÃO

Seus projetos não saem do papel porque você não confronta a preguiça e a procrastinação. Você não consegue produzir um conteúdo porque não sai do Tik Tok ou dos reels. Você vai ter que confrontar isso. Tem que confrontar o excesso de dopamina que tem com pornografia, com drogas e com mensagens de Instagram e WhatsApp. As pessoas foram programadas debaixo da tecnocracia para não darem certo. Você foi programado para não produzir e para não descobrir quem é. Lembra do professor que disse para mim que sou filho do macaco? Não me importo se ele acredita nisso. Confrontar não é para as pessoas concordarem com você. Eu amo a liberdade. Pense o que quiser, mas não aceite nada que não consiga entrar em sintonia com o seu coração. Não funciona. Você sabia que por causa de tecnocracia e de tecnologia vamos ter um surto emocional na Terra? Teremos gente fazendo muita loucura. Não adianta aconselhar quem está bloqueado. Precisa confrontar a pessoa. O cérebro humano é a coisa mais louca que tem. Acredita em tudo que não é verdade e, aquilo que é verdade, tem dificuldade de enxergar. Nosso problema é acreditar em mentira e ter resistência para a verdade.

Quando fui pré candidato à presidência da República e um repórter falava que eu ia perder a eleição, nem me importava. E daí se eu perdesse? Eu já fui eleito antes da fundação do mundo. Por que vou me preocupar com isso? Fico pensando em quem tem ansiedade. Fico pensando em quem passa o dia aprisionado ao desejo de ser presidente ou de ser milionário. Essas pessoas já gastaram toda a energia com essa bobagem. Apenas confrontem. E o confronto não é desvalorizar ninguém, é valorizar quem você é.

O comentário que mais ouço é de pessoas que dizem não conseguir colocar preço nas coisas que fazem. Eu sei o porquê. Elas não enxergam o valor que têm. Preço acompanha valor. Quando você não tem valor, como vai falar de preço? Não tem como. Amo fazer coisas de graça para os outros. Mas as pessoas não comparecem. Tem algo incrível que chama geração de valor. Quando você zera o preço, ninguém enxerga o valor.

Ninguém vai mudar sua vida. Você vai ter que confrontar a preguiça e entender que só você pode fazer essa mudança. Quantas vezes você trocou um bom livro por nada? Quantas vezes a insegurança fez você andar com gente que não produz absolutamente nada? Quantas vezes não confrontar um apego fez você continuar sendo a mesma pessoa durante 20 anos? Como o confronto é bom. Não sei quantas vidas você tem. Sei que cada um tem uma crença ou segue uma religião. Tem pessoas que acreditam que não morremos nunca, outras acreditam que temos várias vidas. De qualquer forma e seja qual for sua crença, você só tem uma vida aqui e agora, não tem duas. Tem gente que diz: "acho que voltarei melhor numa próxima vida". Então, cuide dessa. Se você acredita em outra, o ingresso da próxima é essa aqui. Não tem outra chance. Resolve isso, confronta agora o que precisa confrontar. Não espere até amanhã. Não importa se ninguém te apoia. Vá sozinho. Acredite em seu coração e siga. Caso seu coração esteja cheio de raiva, rancor, ódio e amargura, limpe-o no meio do caminho, mas não pare. Faça o que precisa ser feito. Alguns de vocês já poderiam ser tão prósperos e ter afetado a vida de milhões de pessoas. Mas você não dá conta de afetar nem a vida do vizinho. Não tem coragem de ir para o confronto. Nós todos vamos nos ferrar se o povo não se levantar. Se não confrontarmos esse modelo de nação que temos hoje, onde vamos parar?

Entendo que muitas pessoas que começam a prosperar tenham o desejo de sair do País. Isso acontece porque elas não têm esperança que o Brasil mude. Eu tenho. Já consegui mudar e afetar um monte de gente. Outro dia, comprei um barco com motor a manivela. Fiquei com uma preguiça mortífera de ligar aquele motor. Então, bolei um mecanismo para facilitar minha vida na hora de rodar a manivela. Não terei de fazer tanto esforço. Tem gente que não usa o barco por causa do motor. Existe um motor de partida em você. Arrume métodos para girar a manivela de forma mais eficiente, mas não fique sem usar o barco. Vá para o confronto, vá para cima. E pare de ser medroso. Você está rodeado de medrosos? Saia correndo. Não deixe o medo dominar sua vida.

Use sua mente e entenda que a procrastinação é uma entidade que está dentro da sua casa para tratar você feito um bebê (que dorme, mama, fica quietinho e segue as regras). Vai ter que botar para correr. A procrastinação é a ladra da alma. Sua alma está dizendo "vamos" e ela responde "não vamos, não". Pega esse código: ande com a testemunha do futuro. A testemunha do futuro é a pessoa que viu, sabe e tem certeza do seu futuro. E ela fala: "você não vai desistir". Andar com essa pessoa é incrível. Tenha convicção do que está fazendo, mas encontre sua testemunha do futuro. Toda vez que olho para baixo e penso em desistir, a minha testemunha não deixa. Encontre a sua. Geralmente, ela não é ninguém que você conhece. Não é seu pai, seu irmão ou sua mãe. É alguém que olha de longe e fala: "esse tem potencial". Uma pessoa que sentiu e viveu o futuro não abre mão das coisas, não volta atrás. Esse futuro não é uma crença, é um fato na cabeça de alguém. Essa pessoa consegue enxergar e vira uma testemunha daquilo que você vai viver.

Lembro de gente dez anos atrás falando que eu me tornaria o homem mais rico do País. Eu pensava que besteira estão falando. A testemunha do futuro não é alguém que apenas acredita em seu potencial. É alguém para quem seu potencial é um fato na cabeça dela e, quando é um fato na cabeça da pessoa, já não é mais só uma crença. O fato é onde há fé de verdade. É você estar num lugar que não tem como desconstruir. Poucas pessoas vivem no fato. Elas vivem só na crença. Tem gente cristã que se você apertar um pouquinho, vai abandonar sua fé. Pergunte a um cristão se ele acredita em Jesus de verdade. Sim, acredito. Então, dê sua vida por isso. A resposta será não. Imagine que Deus fale assim: "isso aqui é de verdade, coloque todo o dinheiro que você tem nisso". A resposta será não. Quando a pessoa acredita de verdade, ela vai de all in. Quando a pessoa acredita, deixa de ser crença e vira fato. Então, ela joga tudo. Ela tem coragem de abrir mão de tudo.

CONECTE-SE COM A SUA ESPIRITUALIDADE

O pouco com Deus é muito, porque Ele carrega toda a potência. Mas pouco na sua mão é miséria e escassez. Tem pessoas que usam versículos bíblicos para diminuir a própria capacidade!

Você precisa ouvir a voz de Deus que indica para onde você deve ir. Então, se você quer ter uma vida excelente, precisará deixar aquilo que é bom. Apague o "se" do seu vocabulário, não tem variável na sua mente mais. Se seu coração estiver limpo, não há dúvidas!

A forma mais eficaz de treinar o coração é através da respiração. Entenda que uma respiração adequada amplia a parte espiritual em você, como sua sensibilidade. Um coração também precisa aprender a apreciar a correção. Caso contrário, enfrentará problemas graves.

SISTEMAS CONFRONTADOS

Acredito no sistema econômico, filosófico e político que defino como governalismo. O comunismo é um lindo sistema, o mais romântico de todos. O sistema igualitário, em que todo mundo é igual. Só que todos são iguais na lama. Para entrar no comunismo, você só precisa aceitar que é igual a todo mundo. Quer saber a verdade sobre isso? Você não é igual a ninguém. Que infelicidade você descobrir isso com 30 ou 40 anos. Deus não te fez igual a uma única pessoa na Terra. A prova está nas pontas dos seus dedos, nas suas digitais. A digital é uma prova externa. A prova interna é o seu coração. Você não é um produto de série. Você é único. Você foi criado imagem e semelhança do Criador, o que significa que carrega uma parte Dele. Então, quando falo sobre identidade, não falo sobre algo coletivo. Não estou falando para você descobrir um sobrenome. Estou dizendo para descobrir seu nome e quem você é, separadamente.

Somos um povo tão sem identidade que, quando vamos escolher o nome dos nossos filhos, procuramos a lista dos mais badalados do ano. Esse dias assisti a um filme e o cara falou meu nome é tal. Alguém respondeu: "nunca vi esse nome". E o personagem disse que o pai dele havia inventado. Eu te pergunto, quem inventou o nome Paulo? O pai do primeiro Paulo. Mas somos um povo que não tem autoralidade. Eu fiz a besteira de consultar os nomes mais badalados do ano, porque não queria que meus filhos fossem humilhados na escola. Então, eu e a Carol escolhemos os nomes Benjamin e Lorenzo. Não consultamos a lista para escolher os nomes da Isabela e do Miguel. No caso do Miguel, apenas senti algo. Oramos e pensamos assim: quem ousa ser igual a Deus? Qual é o significado do nome do Miguel? Quem ousa ser igual a Deus. O nome da Isabela era para ser Isabel. Veio na minha cabeça que ela seria uma libertadora. Mas Isabel é nome de velha, então precisava dar uma modernizada. Colocamos a letra A no final e ficou Isabela.

No governalismo, você vale o que é e vale o seu propósito. No comunismo, você não vale nada. Você é um produto igual a outro que não pode dar defeito. No capitalismo, você vale a sua posse. Já fui capitalista. Ninguém aceita eu dizer que não sou, porque todo mundo acha que riqueza é capitalismo. Eu sou governalista. Isso significa que o capital não me define e eu não defino ninguém por causa de capital. Só 2% no mundo tem autorização para ser capitalista. A matemática capitalista é excludente. O capitalismo não dá autorização para entrar num grupo que não pode passar de 2% da Terra. Matematicamente, esse sistema quebraria se tivesse 4%. No capitalismo, a conta não fecha. Tem que ter o proletariado a vida inteira. Como reconhecer o capitalista? Mande a ele uma mensagem minha quando falo que tem que ensinar todos os colaboradores a empreender. Se ele entortar a cara, é capitalista.

Numa ocasião, um empresário gigante do Estado de Goiás quis comprar o meu método IP (treinamento de inteligência emocional baseado em programação neurolinguística) para os funcionários da sua empresa. Ele me deu uma Land Rover como pagamento para que eu treinasse sua equipe. Quando fui treiná-la, ele leu a apostila e pediu que eu removesse um conteúdo dela. O tema do texto era trabalho x negócios. Esse trecho questionava: "até qual dia você vai trabalhar, se pode fazer negócios?". Ele pediu para que eu tirasse essa página. Imediatamente, disse que não o faria e que iria devolver o carro. Não iria atender ao pedido, porque a essência do método IP é libertar a mente das pessoas. No fim das contas, ele autorizou a página, mas pediu para que eu não o ferrasse, porque já tinha visto o que faço no curso. Ele pediu para eu pegar leve. E ele se ferrou. Nunca vi tanta gente ir embora da empresa no primeiro ano. Então, ele veio se queixar comigo pelo fato de ter ido quase todo mundo embora. Eu disse a ele, só tenho uma pergunta a fazer. Você prosperou quantas vezes mais durante esse período? Ele disse: crescemos três vezes mais. Ainda assim, ele estava lamentando pelos funcionários que perdeu. As pessoas entenderam o recado que dei. Decidiram prosperar e fazer o chefe prosperar, porque ele era a plataforma de prosperidade delas. Todos passaram a produzir mais e a empresa dobrou de tamanho. O cara ficou mais próspero, mas ele queria isso com aquelas pessoas. Aquela gente não cabia mais ali. É igual ao paraquedas, depois que abre, não fecha. Para crescer e prosperar tem que levar um tanto de gente junto com você. Só funciona assim.

    Tem gente trabalhando comigo que não prospera? É claro. Eu falo faz tal coisa e a pessoa não faz. Eu só quero que você faça para experimentar. A pessoa não experimenta e depois acha que vai prosperar com teoria. Teoria não faz prosperar. É por isso que tem gente que frequentou faculdade por cinco anos e virou motorista de aplicativo com o diploma nas mãos. Na próxima vez que andar de Uber, pergunte qual é o diploma que o motorista carrega. Faculdade é teoria. Se Deus abençoar e a Carol não insistir, meus filhos nunca vão fazer faculdade. Se algum dia você tiver a chance de encontrar o Lorenzo e o Benjamin pergunte a

"A procrastinação é a ladra da alma."

eles se vão fazer faculdade. A resposta será: "claro, tem um monte de gente que quer fazer faculdade, vou construir faculdades para eles". O caminho da prosperidade tem de ser mais rápido que os quatro ou cinco anos de formação acadêmica.

Só tem gente honesta trabalhando comigo e, mesmo assim, descubro com frequência que tem alguém me roubando. Sabe qual é a melhor parte do meu sistema socioeconômico privado? A possibilidade de mandar a pessoa embora sem que ela saiba que eu a descobri. É ruim quando você mexe com muito dinheiro. A pessoa espera você piscar para meter a mão. Por isso, minha atividade é dinheiro entrando e saindo. Mas você acredita que a pessoa rouba e inventa uma narrativa gigante para se safar? Só tem um problema. Sinto a frequência quando alguém está mentindo. Então, essa pessoa já não serve mais. Não tenho apego nenhum com o que foi roubado. Nunca processei uma pessoa. Ando com vontade de processar umas 100. Mas não vou fazer isso, porque o meu confronto é comigo. Eu sei quem sou, Deus sabe quem sou e eu sei quem a pessoa é. Não preciso provar para ninguém. Nunca vou parar minha vida de prosperidade para pedir ressarcimento. Também não vou fazer a pessoa parar a dela. Ela já não dá conta de tocar a própria vida. Não sou eu quem vai atrapalhá-la ainda mais.

Vou contar um propósito pessoal e o motivo pelo qual decidi entrar para a política. Eu quero prosperar a nação. Só isso. Encontrei o André Kubitschek, bisneto do ex-presidente Juscelino. Bati o olho nele e pensei que teria de caçar gente igual aquele menino. É claro que o sobrenome dele tem um peso, uma frequência. Vou me encarregar de encontrar gente para ser presidente desse País.

Só cara novo. Vou me empenhar pessoalmente em encontrar os próximos presidentes do Brasil. Deixe eu falar o que quero. Quero ser presidente uma vez. Não vai ter outra. Para as próximas, vou treinar outras pessoas. Meu objetivo é que nunca mais pessoas indecisas ocupem esse cargo. Quando encontrar alguém com o coração igual ao meu, darei um passo para trás e direi para que avance. Não quero nenhum cargo político depois disso. Mas eu vou sentar nessa cadeira. E ninguém poderá me impedir, a não ser eu mesmo. Não tenho um pingo de ansiedade para isso. Um pingo de medo. Sei que é a bucha mais doida que o ser humano pode encarar, principalmente num País como o nosso, em que há torcida para dar errado. O povo não quer que o Brasil dê certo. Mas vamos lutar por isso. Os governalistas precisam se levantar para esse propósito.

Você tem que ver o ciúme de gente rica porque sou mais rico que ela. Riqueza tem discriminação. Certa vez, um cara falou na minha cara: "você é um emergente". E eu respondi que ele vai precisar de emergência, porque o dinheiro dele está acabando e o meu só cresce. No condomínio onde moro, disseram que sou um "novo rico! É melhor ser um novo rico do que um pobre velho. Ciúme da riqueza. Isso é capitalismo. Em quantas mesas sentei e não quiseram saber nada ao meu respeito. Só queriam saber de quem sou filho. Disse que sou filho do Deus vivo. Você quer saber de onde vem minha riqueza? Do dono do ouro e da prata. A realidade é que você não é aceito em vários lugares porque não tem o sobrenome de sei lá de quem. Você pode ser bilionário e, ainda assim, será humilhado em alguns lugares. Pode ter o dinheiro que for, se não carregar um sobrenome de 400 anos. Se na riqueza existe isso, imagine na pobreza. Entre os pobres, está a maior concentração de pessoas que querem o comunismo. Na riqueza, querem o capitalismo. Não funciona. Nenhum desses dois. Eu quero saber se você desfruta. O capitalista não desfruta, só pensa no lucro. E o comunista só pensa em se ferrar e em ferrar com os outros.

A galera que manda na política ama ver a ignorância do povo e nunca falar sobre isso. Só tem três coisas que gostaria de mudar no Brasil: virtualização, empresarização e mentalidade. Não quero mudar quatro coisas no Brasil. Só essas três. Vou explicar. O que é virtualização? Se você não tiver uma identidade digital, vai deixar de existir. Se você não tiver empreendedorismo na veia, sempre será escravo de alguém. Nunca poderá sonhar e será mal pago para realizar o sonho dos outros. E se você não mudar sua mentalidade, será pior do que seus pais. Geralmente, é muito ruim ser pior do que o seu pai. Se a gente não virtualizar esse povo, não vai ter emprego. Vamos virar escravos da China. Tem nações que já são escravizadas.

Quer aprender algo que vai fazer diferença na sua vida? Estude programação neurolinguística. Um monte de gente me acusa de ser alguém que entende disso. Tenho que assumir que virei alguém muito diferenciado depois que aprendi sobre o assunto. Você passa a entender como o cérebro se porta e aprende a lidar com ele (o seu e os das outras pessoas).

IDENTIDADE, BLOQUEIO E PROPÓSITO

Gosto de fazer uma analogia com a árvore, a semente e a terra para explicar qualquer coisa. Sou contra o aborto. Aborto é um assassinato. Alguém pode questionar: "e quanto ao sêmen do homem que se masturba e vai para o ralo? Isso não é aborto?". Não, isso é desperdício de semente. O aborto é quando a semente entrou na terra e germinou. Já virou vida. Quando a semente negativa conecta com a terra, que é positiva, germina e surge a vida. Uma coisa é você jogar a semente fora. Outra coisa, é você matar a semente que germinou. Ela já está produzindo. Ficou claro o que é aborto? Tem gente muito doida que fala que bebê na barriga não é vida ainda. Imagine esse ser pedindo socorro sem poder falar.

Qual a diferença entre identidade e propósito? Como sei o propósito de uma árvore? Cada árvore tem um propósito. Mas a identidade dela você descobre na folha. Cheira e descobre se é uma macieira ou uma laranjeira. Sabe quem é um profissional de identidade? O diabo. O diabo passa perto de cada um quando nasce e cheira. Tem gente que não acredita na existência do diabo. Se você não acredita, sua vida é um inferno. O que o diabo faz na Terra? Ele cheira cada um para saber qual é o chamado daquela pessoa. Quando descobre, joga um bloqueio nela. Se for uma pessoa poderosa, que iria desenvolver a intelectualidade e fazer as pessoas pensarem, o diabo coloca um bloqueio de aprendizagem. A pessoa é próspera e iria destravar a riqueza da nação e do mundo, então, ele coloca escassez na vida dela. O bloqueio tem intimidade com o propósito.

Você descobriu a essência de uma árvore, descobriu a identidade dela, mas e o propósito? O propósito de todo fruto é gerar mais fruto. Transbordo. Não tem que discutir isso. Não é teste vocacional. O que cada fruto tem que fazer absolutamente é gerar novos frutos. Então, o objetivo de uma semente, ou seja, de um fruto, é virar outra árvore. Por que essa geração não quer ter filhos? É para não cumprir o propósito. O primeiro propósito que todos nós temos é a multiplicação. Mas filho dá trabalho demais. E tem quem prefira ter um cachorro. Tem gente tão maluca que, de verdade, não discordo se decidir não ter. Acho que não deve se reproduzir, porque é do tipo tão ruim que, se multiplicar, vai danificar a Terra. Tem árvore que vira doce, tem fruto que vira suco ou xampu. Tem árvore que vira lenha e tem árvore que é frondosa e passa 100 anos dando frutos. Tem árvore que frutifica uma vez e alguém vai lá e corta, porque o fruto não foi bom. São múltiplos propósitos e o primeiro deles é o multiplicacional. É isso o que você veio fazer na Terra, multiplicar tudo em que colocar a mão. O que significa multiplicar? Quando a multiplicação se inicia, é preciso que haja governo. Caso contrário, há divisão. Então, para o que você foi chamado? Para governar. Lembre sempre disso. E, finalmente, você tem os bloqueios. Por exemplo, alguém que foi abusado sexualmente e escolhe ficar calado. Decidiu não falar por medo do julgamento. Essa pessoa não está cumprindo o propósito, porque foi bloqueada. Saiba que enquanto ela segue bloqueada, tem milhões de pessoas esperando que ela abra a boca. Tem muita gente esperando que ela fale, conte sua história e ajude quem sofre ou já sofreu do mesmo mal.

Pense que tem pelo menos 50 milhões de pessoas no Brasil piores que você. Isso já é o suficiente para você falar o que dá conta. Faça o que for possível, porque tem muita gente pior que você. Não pense que ninguém quer ouvi-lo. Abra a boca para ver. Na época da campanha, estava numa coletiva de imprensa em Goiás e um cara falou: "estou aqui porque abandonei a pornografia depois de 35 anos. Larguei a pornografia depois de te ouvir". Ficou todo mundo se olhando e sem entender nada, porque era uma reunião de partido. E eu fiquei pensando em como daria uma abordagem política para aquele assunto. Eu disse: "vou proibir a pornografia, porque ela faz produzir menos". Você sabia disso? Pelo menos 30% da sua capacidade cerebral é roubada por causa de pornografia. Mais de 43% do tráfego da internet é pornografia. Quem não consegue se controlar, precisa ressignificar a questão para ficar livre. Fiquei 20 anos afundado nisso, sei como funciona.

Para que você foi chamado? Ninguém sabe qual é o chamado sem descobrir quem é. Nunca fiz o método IP e descobri meu chamado sozinho. Vá caçar como descobrir o seu. Leia Gênesis 1:26. Vá esfolar sua vida. Vá atrás disso, ajuste os ponteiros cerebrais e resolva. Encontre um jeito. Eu garanto que você vai achar. Não faz sentido viver uma vida sem descobrir quem você é. É a vida mais cara, chata e desregulada que existe.

AGORA É COM VOCÊ!

Vamos treinar o autoconhecimento. Abaixo, responda:
Quais são os principais aspectos da sua identidade?
Quais os bloqueios que lhe impedem de
ativar sua identidade? Qual é o seu propósito?

> E disse Deus: Façamos o homem à nossa imagem, conforme a nossa semelhança; e domine sobre os peixes do mar, e sobre as aves dos céus, e sobre o gado, e sobre toda a terra, e sobre todo o réptil que se move sobre a terra. Gênesis 1:26

PROSPERIDADE

Vamos supor que você tenha ativado sua identidade e clarificado seu propósito. Agora, será hora de se livrar dos bloqueios, dos medos e de tudo aquilo que o impede de prosperar. As pessoas têm medo de empreender por causa dos riscos. Mas nunca vi alguém ficar muito próspero sem correr risco. Não tem como. Vamos imaginar que você escolha a estabilidade do seu emprego. Você não vai dar certo. Você pode ficar lá e pagar suas contas. Será um cidadão comum. Até que um dia a empresa em que você trabalha quebra. Quem vai te segurar lá? Ninguém. Esse risco é alto, porque 87% das empresas quebram no Brasil até o terceiro ano de existência. Esse risco é real. Você não quer se arriscar para testar coisas novas, mas já parou para pensar que aqui tem a maior carga tributária do mundo? Já parou para pensar que os empresários nunca estudaram para ser empresários? Diante desse cenário, é normal que as empresas quebrem.

Um superintendente do Banco do Brasil e a esposa dele foram meus alunos no método IP. Ela disse que se eu fosse bom de desbloqueio, faria seu marido sair do banco. Falei que essa era uma tarefa fácil demais. Durante o treinamento, ele não aceitava essa possibilidade. Até que o chamei para conversar depois do nosso intervalo. Peguei no pulso dele e apertei. Então, disse: "você lembra daquela pessoa que foi mandada embora por justa causa do banco sem ter feito nada de errado?". Ele respondeu que lembrava. E eu insisti: "foi injusto, não é? Pois bem, o banco acabou de te mandar embora". Fechei a mão no pulso dele com força e disse: "você foi despedido e foi de forma injusta". Ele tentava tirar o braço e eu o puxava com mais força, apertava o pulso dele com mais força. E perguntei: "o que você vai fazer agora?". A resposta foi imediata: "vou abrir uma corretora. E solte o meu braço". Pronto, você está demitido do banco. Pode ir. A mulher dele desacreditou. Mas é simples. Todo cérebro sabe o dia de ir embora.

Está cheio de gente adúltera só por um motivo e não é por falta de caráter. É porque não é homem, não é mulher de assumir que o casamento está ruim. A pessoa está caçando um jeito de acabar com esse compromisso de outra forma. Você foi moldado para ser uma pessoa de bem, mas virou o cão porque não dá conta de confrontar. Chegue na sua esposa e abra o jogo. Diga que está tudo indo de mal a pior. E que a culpa é dos dois. Depois, proponha resolverem juntos. Como você não é macho, não é fêmea de verdade para resolver, seu cérebro opta por arrumar um caso extraconjugal, que uma hora vai ser descoberto, e essa é a forma de ir embora. Só que desse jeito você ferra com todo mundo. E ensina seus filhos a serem iguais a você, infiéis em contrato, em amizade, em negócio, em tudo. E, principalmente, naquilo que não podia, no casamento. Eu garanto que 99% dos problemas do Brasil têm nada a ver com política, mas sim com família. Eu sei que às vezes vocês acham que sou bobo, mas a perversão sexual destrói a nação. Quanto mais pervertido um povo, mais idiota ele é.

Você acredita que política muda alguém? Muda sim, para pior. Um bom político te deixa em paz para prosperar. O mal, vai te ferrar. Não precisa de um real de dinheiro público para mudar nada. Por isso, que nunca me preocupei em vencer a eleição. De um jeito ou de outro, vamos governar esse País. Essa é a certeza que tenho em meu coração. Porque quando você muda os drives da pessoa, ela muda para sempre. Novos lugares trazem novas pessoas; novas pessoas apresentam novas ideias; novas ideias são convertidas em novas ações; e novas ações produzem novos resultados.

Fui olhar um lote no lugar que mais amo em Goiânia. Talvez eu o compre para construir uma casa para vender. Mas não tem chance de eu voltar para lá. Tenho um problema muito sério, só marcho para frente. No dia em que sair de Alphaville, talvez eu vá para a África ou para os Estados Unidos. Você vai deixar tudo para trás? Claro! Tenho uma ação com a humanidade. Tenho um chamado na África. Isso é claro. O motivo de eu ajudá-lo a prosperar é para você fazer parte de um grupo de gente que vai reconstruir cidades do jeito que está descrito em Isaías 61. Vocês acham que estou preocupado com dinheiro? Na hora em que Deus disser para eu jogar tudo no lixo – e eu tenho certeza de que Ele vai pedir –, largo tudo. Ele vai me convidar para a próxima fase. Vai ordenar que eu doe tudo que colocou em minhas mãos. Não importo em perder, importo em obedecer quem me chamou. Essa é a minha clareza.

O espírito do Senhor Deus está sobre mim; porque o Senhor me ungiu, para pregar boas novas aos mansos; enviou-me a restaurar os contritos de coração, a proclamar liberdade aos cativos, e a abertura de prisão aos presos;

A apregoar o ano aceitável do Senhor e o dia da vingança do nosso Deus; a consolar todos os tristes;

A ordenar acerca dos tristes de Sião que se lhes dê glória em vez de cinza, óleo de gozo em vez de tristeza, vestes de louvor em vez de espírito angustiado; a fim de que se chamem árvores de justiça, plantações do Senhor, para que ele seja glorificado.

E edificarão os lugares antigamente assolados, e restaurarão os anteriormente destruídos, e renovarão as cidades assoladas, destruídas de geração em geração.

E haverá estrangeiros, que apascentarão os vossos rebanhos; e estranhos serão os vossos lavradores e os vossos vinhateiros.

Porém vós sereis chamados sacerdotes do Senhor, e vos chamarão ministros de nosso Deus; comereis a riqueza dos gentios, e na sua glória vos gloriareis.

Em lugar da vossa vergonha tereis dupla honra; e em lugar da afronta exultareis na vossa parte; por isso na sua terra possuirão o dobro, e terão perpétua alegria.

Porque eu, o Senhor, amo o juízo, odeio o que foi roubado oferecido em holocausto; portanto, firmarei em verdade a sua obra; e farei uma aliança eterna com eles.

E a sua posteridade será conhecida entre os gentios, e os seus descendentes no meio dos povos; todos quantos os virem os conhecerão, como descendência bendita do Senhor.

Regozijar-me-ei muito no Senhor, a minha alma se alegrará no meu Deus; porque me vestiu de roupas de salvação, cobriu-me com o manto de justiça, como um noivo se adorna com turbante sacerdotal, e como a noiva que se enfeita com as suas joias.

Porque, como a terra produz os seus renovos, e como o jardim faz brotar o que nele se semeia, assim o Senhor Deus fará brotar a justiça e o louvor para todas as nações. Isaías 61: 1-11

O poder da narrativa

A franquia Tartarugas Ninjas, que é sucesso mundial desde a década de 1990, tem como personagens quatro tartarugas com habilidades ninjas e nomes de artistas italianos do Renascimento. A tartaruga é lenta, como pode ser ninja? Você já parou para pensar como isso é possível? Por causa da história. O famoso storytelling. Uma narrativa bem contada é capaz costurar ideias e conectar temas e personagens de modo a atingir a razão e a emoção das pessoas.

Os pequenos começos podem e devem fazer parte do seu storytelling. É preciso valorizá-los. Há alguns anos, decidi que faria uma turma do método IP por fim de semana. Tem 52 semanas no ano. Fiz 54 turmas no primeiro ano e cheguei a 110, no segundo. Minha vida era em função disso. Nunca parei um dia para avaliar se estava prosperando ou não. Fui com tudo, tudo que tinha e tudo em que acreditava. Peitei todo mundo. As pessoas à minha volta foram contra. A começar pela minha mulher e pela minha mãe. Em um ano, rodei 40 mil km de carro dando palestras. Tocando o terror. As palestras eram de graça. Eu só vendia o livro. O começo é empolgante demais.

Anos mais tarde, quando iniciei a carreira política, esperava que umas 2 mil pessoas iriam ao aeroporto para me ver. Sabe aquela coisa da arrogância que já mencionei? Pois é, não apareciam mais que 200. Alguém falou no meu coração que tudo o que havia construído, não iria servir mais para nada. Eu teria que começar do zero de novo. Honre os pequenos começos. Confesso que pode ser dolorido. E a vontade de comprar uns pães com mortadela para distribuir? E a vontade de comprar 30 ônibus e encher o aeroporto de gente? Só que não funciona desse jeito. Tem que construir novamente. Acabei de comprar uma fazenda. Vou ficar um ano só gastando dinheiro para arrumar tudo por lá. Mas, quando começar a prosperar, não vai parar nunca mais.

5 CÓDIGOS PARA REFLETIR E TREINAR A SUA MENTE

1 Só existem dois mundos! O real e o ideal. O real é somente um. O ideal tem 8 bilhões de versões. O mundo ideal é composto por tendência, opiniões, manipulações, sentimentos, notícias, mentiras, patrocínios, influência, emoções, passado e futuro.

2 Você deve investir em autoconhecimento para se descobrir, desbloquear, buscar sua melhor performance e ser exponencial. Mas por que o autoconhecimento é o maior investimento? Porque quanto mais você se conhece, mais conhecerá Deus, pois você é imagem e semelhança dEle.

3 Você precisa jogar limpo consigo mesmo. Sempre que você disser que vai fazer algo, faça! Esse posicionamento muda a sua visão de escravo para o empreendedor. Pegou esse código? Escreve aí: posicionamento

4 Felicidade é igual a identidade. Se a sua é revelada, você é feliz. Contudo, se você deixar de ser você para agradar os outros, entrará na transitoriedade da infelicidade. Porque a felicidade é permanente e a infelicidade é transitória. Nunca deixe de ser você para agradar ninguém

5 Pare de dar afirmações, faça perguntas! Assim, você se torna mais interessante e gasta menos energia. A arte de fazer perguntas é transferir pressão! Quanto antes você aprender isso, mais rápido vai prosperar e mais sábio será.

> Saber que vai morrer, é essencial para começar a viver.

DEMÔNIOS DE ESTIMAÇÃO

Sabe o que temos de confrontar além de nós mesmos? Os nossos demônios de estimação. Os três alvos do demônio são: matar, roubar e destruir. Você está sendo roubado, alguém está destruindo aquilo que você carrega e, se não entender, isso vai te matar antes da hora. Morrer, você vai. E está tudo bem. Saber que vai morrer é essencial para começar a viver. O que não está bom, é morrer antes da hora. A questão é que aceitamos os demônios de estimação porque eles são filhotes. Nos acostumamos e até nos apegamos a eles. Filhotes parecem inofensivos. Nesse caso, não são. Qual é o alimento desses filhotes? São os pecados. Aqueles "pecadinhos" que você aceita e não quer tratar.

AGORA É COM VOCÊ!

Todos nós somos luz e sombra. Lista abaixo quais são seus sentimentos destrutivos e como pode iluminá-los.

PECADOS

A serpente aparece no Éden e depois ressurge em Apocalipse, como um dragão. Sabe matar a charada? Deus sentenciou a serpente a se alimentar do pó da terra. Não falou você vai só rastejar. Disse você vai comer. Pó é simbolicamente pecado. Por que nós fomos feitos do pó da terra e pecamos? Por causa do carbono. Seu corpo luta contra você. Você quer pecar. Seu corpo quer fazer isso. Pode ser a pessoa mais santa e nada vai mudar. Você tem um corpo? Então, você tem uma tendência honesta de pecar. Por quê? Porque seu corpo é feito disso. Daquilo que alimenta o demônio. Por isso, você vive em guerra. É por isso que engorda, desanima, tem depressão. Por causa do tal do carbono. Você tem três inimigos: seu cérebro, sua língua e o carbono. Seu cérebro não quer prosperar, ele só quer sobreviver. Essa é a meta dele. Sua língua só quer contar conversa fiada. E seu corpo quer se alimentar das coisas da terra. A solução é virar santo? Santo em hebraico significa escolhido. Você já foi escolhido. Você é santo. Então, agora vou ter que andar em retidão? Você não dá conta. Quando você entende isso, tudo muda. Como você não dá conta de andar em retidão, precisa andar com quem é reto: Jesus. Esse é o cara que não erra. Ele é o caminho.

Entender a relação do demônio com o pecado é fundamental. Qual o objetivo dele? Manter você ocupado. Você entende o que é o pecado? Vou citar o mesmo novamente porque quase todo mundo está ferrado com isso: pornografia. Muita gente diminui a produtividade por conta da disso. É muito mais fácil assistir a um vídeo pornográfico do que encarar seu cônjuge e ter que resolver o problema que vem se arrastando há tempos. Às vezes, sua esposa é chata porque está dando sinal que você está insuportável. E você resolve apelar para um vídeo no qual a pessoa nunca reclama. O que vai acontecer? Você vai ficar alimentando disso. Você acha que está te fazendo bem, mas está te ferrando. E você está alimentando o demônio, que está ao lado só querendo que as coisas continuem desse jeito.

"PECADO É ALIMENTO DE DEMÔNIO."

AGORA É COM VOCÊ!

LISTE SEUS PECADOS DE ESTIMAÇÃO.

_____

_____

_____

_____

_____

_____

_____

_____

CONTROLE MENTAL

Quando o demônio chegou em sua casa, era pequeno. Pablo, você podia trocar o nome? Demônio me incomoda. É para incomodar mesmo. É demônio. Tem gente que está em casa sozinho, mas tem 50 demônios junto com ele. Vocês acham que é brincadeira? Estou falando, tem 50 demônios com ele. Tem um em cima da geladeira, um em cima da televisão e uns quatro só ao lado da pessoa. Eles sussurram para você não botar fé no que estou dizendo. Falam não para a santidade. Dizem que pecado é coisa ultrapassada. Dizem que você não consegue se libertar. Eles estão jogando, trocando ideia com você. Demônio não tem conversa, demônio não tem amizade, demônio não tem entrevista.

Tem um demônio sentado ao seu lado agora que fica sugestionando coisas em sua cabeça. Isso não é místico. Isso é real. Você pode alegar que nunca o viu. Você também não vê átomo, não vê elétron, não vê próton, e tudo isso existe. Você olha para uma tomada e vê a energia? Não. Mas mete o dedo lá para ver. Tudo existe e o fato de você não enxergar se chama ignorância visual. Essa expressão vai mudar sua cabeça. Se eu não vi, não significa que não exista. João quando subiu no terceiro céu viu coisas absurdas e disse que não sabia nem explicar. Paulo quando viu o reino falou: "vi coisas nefastas, não consigo nem explicar". Aí está a questão. A ignorância visual começou a sair e o cara chocou com o que viu. Ninguém viu a Deus perfeitamente, face a face. Seu olho seria consumido se isso acontecesse. Mas quem duvida da existência Dele?

Não estou falando sobre possessão nem estou de brincadeira com assunto espiritual, mas você tem a companhia de um monte de demônio que fica falando em seu ouvido. O demônio passa por você e joga uma seta. O que é uma seta? É um gatilho. Aquilo que está escrito na Bíblia há milênios como seta significa gatilho. O demônio tem um relatório seu, uma prancheta. Ele passa, dá uma olhada na prancheta e lê que você está chateado. Então, ele pensa "vou jogar uma seta, um gatilho, para você continuar como está". Por isso, temos que guardar o coração. Trancá-lo. De tudo o que você tem que guardar, guarda o coração. Se estiver guardado, a seta bate no portão e não entra.

Existe maldição hereditária. Tem gente que não prospera por causa disso. Mas a origem da maior parte dos problemas que conheço não é genética, é fenótipa. Todo o tempo tem alguém que está louco para vê-lo não prosperar. E ele vai ficar jogando gatilho para que isso aconteça. Quando descobri que podia ter controle mental absoluto, a minha blindagem mental, demônio não dá nem sugestão para mim.

Certa vez, estava num grupo de oração e senti muito sono. Resolvi dormir. Senti uma opressão falando: "vai mesmo, você está com muito sono". Deitei e fingi que estava roncando. Do nada, saltei e gritei: "te peguei, diabo". O demônio pulou alto. Vou contar outra experiência que tive. Estava num encontro religioso do qual participava desde 1999 e um dos pastores que mais admiro estava no comando. Nunca vi alguém fazer nada parecido. Naquele dia, percebi o quanto o mundo espiritual é pesado. O pastor estava falando e, de repente, ele pediu para que fechassem as portas. Ele disse: "podem manifestar todos os demônios que estão aqui". Quando ele terminou de falar, umas 30 pessoas ficaram possessas. Então, ele disse que não expulsaria os demônios naquele instante, que só faria depois que eles escutassem a palavra de Deus. Fiquei sentado ao lado de um possesso e só clamava: "Jesus, não me deixe ficar endemoniado". Era criança na época, adolescente. Os demônios todos ficaram se retorcendo nas cadeiras, amarrados. Aquela cena mexeu tanto comigo que me apaixonei pelo mundo espiritual.

QUER CRESCER? SÓ DEPENDE DE VOCÊ!

1. A escassez abrupta é de uma pessoa que não tem visão, ela não sonha e não tem nada. Uma pessoa sem visão é desconectada da alma.

2. Confiança é igual a resultado. Aumente seus resultados. Observe sua velocidade.

3. O milagre está no caminho. Deus não dá a semente para o preguiçoso!

4. Até o tolo se ficar calado se passa por sábio. Então, a dica que eu te dou: CALA A BOCA! Você precisa acabar com as afirmações, porque isso pode te custar caro. Comece a fazer perguntas.

5. Entre em movimento! Você é a única peça da criação que insiste em dizer que não é preciso se movimentar.

MANUAL DE GOVERNANTE

Se você não acredita na Bíblia, só posso dizer que é um coitado. E, se algum religioso disser que demônio não existe, faço uma pergunta. Você acredita em Jesus? A primeira coisa que Ele fez foi expulsar um demônio. Também tem quem diga que não existe milagre. A segunda coisa que Ele fez foi um milagre. Tem um monte de gente não acredita na Bíblia. Tem gente que fala que ela é fábula. Então, por que o livro é proibido em 52 países na geração em que tudo é liberado? Não fica chateado, mas fumar é cancerígeno e é liberado, sexo anal arrebenta as pregas do ânus e é liberado. Mas a Bíblia é proibida. Por quê? Porque ela tem um problema muito sério. Quem a lê, governa. Só por isso, é proibida. Os povos que não deixam alguém tocar na palavra é porque sabem a revolução que acontece quando alguém mexe com ela. Você não precisa pregar para mim ou falar da sua religião. Para mim tanto faz, eu vou direto à fonte. Respeito o que você acredita, isso é problema seu. O que estou falando é simples. A Bíblia é um manual de governante. Todas as civilizações que tocaram nela governaram a Terra. Egito só governou a Terra por causa da palavra. José foi para lá e explodiu o governo. Grécia já governou pela mesma razão. Roma, a mesma coisa. Tudo aconteceu porque meteram a mão na Bíblia. Com todas as nações foi assim. E com os Estados Unidos não é diferente. Não sei se você sabe, mas agora é a nossa vez. Com essa mensagem do reino sendo proliferada, como você vai ficar com o demônio de estimação em casa?

ÁREA DE COBERTURA

Você nem sabe, mas está dando ração para seus demônios de estimação todos os dias. Você tem medo? O medo é alimento de demônio. Você é tímido? A timidez é alimento de demônio. Mas como eles são filhotes, você os aceita. Sabe os planos que não dão certo? Sabe quando você não consegue concretizar seus projetos? É tudo culpa da tropa que está ao seu lado. Tem gente que diz: "isso não me pega porque Deus está comigo". Não está. Porque quando você não faz aquilo para o que ele te chamou, você sai debaixo do governo. Não é Ele quem sai correndo. Você tem que entender que a parada com Deus não é Ele virando as costas para você, é você saindo fora do sinal. Ele criou uma cobertura igualzinha a de GPS, igual a do celular. Existe uma cobertura de sinal e, se você tiver debaixo dela, está tudo certo. Saiu debaixo da cobertura, já era. E você vai questionar: "mas Deus não cobre todas as coisas?". Não, Ele cobre aquilo para o que Ele te chamou.

Aluguei um motor home certa vez nos Estados Unidos e o cara perguntou se eu iria andar em área com gelo. Ele advertiu que, para andar em locais onde neva, teria que comprar um produto para colocar no radiador. Eu disse que não iria. Sei lá porque mudei de ideia e fui para o gelo. Eu precisava só ter colocado um líquido no radiador. E o cara avisou que se acontecesse alguma coisa, ou seja, se o motor quebrasse, o seguro não iria cobrir. Eu só pensava "vou estourar esse motor home porque fui ignorante de não pagar um aditivo que não deixa congelar tudo". Sabe o que isso representa? Você sai debaixo da garantia, sai debaixo do favor. É muito simples entender. Você nem sabe que vai usar o negócio, mas já se posicione debaixo do favor, porque depois vai mudar de ideia e vai precisar daquilo. Se você anda debaixo do favor, está com garantia. Deus nunca vira as costas, você só perde a garantia. E, se isso acontecer, você terá que ir no braço. Imagine ter de prosperar no braço. Isso é a coisa mais doida que tem.

Trabalho não vai fazer você ficar exponencial. Braço não faz. O braço e a mão não são exponenciais. O cérebro é. Você tem que entender que pode correr o mais rápido que puder e nunca vai virar um corredor exponencial. Porque a corrida é linear. Agora, se você usar a cabeça, tudo é possível. Quer ser exponencial com velocidade? Crie uma máquina. A cabeça faz eu ficar mais veloz. Meu pé nunca fará. Tem um limite, não passa daquilo. Sua mão e seu braço também. Mas sua cabeça não tem limite. Então, se a cabeça é exponencial, você vai trabalhar com a mão e com o pé? Não tem como. Você vai ter sempre o resultado linear. Eu não atinjo 120 km/h como um guepardo, mas criei uma máquina que atinge. Eu não atinjo 1 mil km/h, mas criei um avião que atinge. Como faz isso? Não é com o pé nem com a mão. É com a cabeça.

PROPOSTA X PROPÓSITO

Quando você é um mentiroso, tem um demônio exclusivo. Não precisa mentir para prosperar. Eu repudio isso. Cada um dos bloqueios que você tem, é por conta de um demônio que fica te puxando. Fica o incentivando a mentir para conseguir o que quer. Falar a verdade sem açúcar é a melhor coisa que existe. Para os fracos, eu coloco açúcar. Falo de forma amena para a pessoa não travar. Isso não é mentira. Isso é amenizar. É sabedoria usar açúcar para quem gosta. Já a verdade sem açúcar é o café puro. Tem gente que não toma café, gosta só do açúcar. Se não adoçar, ela não toma.

Para cada bloqueio que você tem, tem um patrocinador. Não é você quem tem preguiça, não é você quem acha sua vida uma droga. A culpa não é do seu pai. É alguém que fica te dando seta. Você quer sair da cama e um "coisa ruim" diz que não. Você quer fazer outra coisa, mas vem outro deles para te impedir. Você imagina para onde o demônio gosta de ir e para onde quer te levar? Ele não quer que você vire prostituta, não quer que você vire mendigo ou que saia assaltando. Ele não quer nada disso. Ele só quer que você fique ocupado. Você ocupado não dá trabalho. Se estiver focado em outra coisa, não vai identificar o chamado de Deus para sua vida. Você estará neutralizado. O alvo do coração do diabo não é infernizar sua vida ou te dar pesadelo. É só te manter ocupado. Aí, você joga sua vida no lixo. A ocupação acerca daquilo para o que você não foi chamado é essencial para que você faça o que ele quer. Ele não se importa se sua vida vai dar certo ou não. Prosperou ou está pobre, tanto faz. Em suma, ele quer que você troque propósito por proposta. Ele vai colocar uma proposta em sua mão e a proposta sempre parece melhor que o propósito. Por quê? Porque o propósito dá trabalho, a proposta é só pegar. Propósito vai ter que crescer para tomar posse. Propósito vai ter que raspar a bunda no muro chapiscado. Propósito vai ter que arrancar o couro do pé. Propósito vai ter que conectar com gente que você nem gosta. Propósito vai ter que transbordar. O propósito dá trabalho.

Em Mateus 4, o diabo chega em Jesus e diz: "vamos trocar uma ideia. Você está com fome. Pare com isso. Deixa eu te dar uma proposta. Você não é o sabichão? Então, faça essa pedra virar pão". Jesus responde que nem só de pão vive o homem, mas sim de toda a palavra que sai da boca de Deus. Então, o diabo pensa "você vai falar de Bíblia comigo?. Por acaso, não sabe que sou o personagem mais citado nas escrituras?" Adão apareceu no tempo dele e em algumas menções. Moisés apareceu no tempo dele e em outras menções. José apareceu em menções. Daniel apareceu em menções. O diabo estava com Daniel, estava com

José, estava com Moisés, estava com Adão, estava com todos. Então, Jesus quis trocar ideia sobre a palavra. E o diabo pensou "deixa comigo". Na próxima tentativa, ele já chegou metendo a palavra. A primeira proposta que o demônio vai fazer será sempre no corpo. Tem a ver com sexualidade, comida, luxúria e simples coisas que tomam você pelo corpo. Então, ele vai usar sua vaidade ou seu bloqueio de autoimagem. Vai tentar te capturar pelo corpo. Como ele tentou pegar Jesus pelo corpo? Ele falou "você está com fome. Transforme essa pedra em pão". Jesus passou de boa. Então, o diabo retrucou: "você não vai cair no corpo? Vou te pegar pela alma". Como ele fez? Pode anotar a sequência. Primeiro, ele vai atacar no corpo. Todo mundo cai. "Vai dormir, você está cansado" são algumas das táticas. Veja a minha luta com meu cérebro. Eu falo todo dia para ele dormir no horário, mas não dorme. Quem vai perder horas de sono é ele, porque vou acordar no horário em que falei de todo jeito. Eu fico com a minha consciência, penso que tenho de dormir cedo. Às vezes, estou com minha galera e curto demais estar com eles. Mas sou o primeiro a falar: "gente, estou indo embora". Sabe por quê? Porque se ficar até tarde vai me custar no outro dia. Quase todo dia durmo fora do horário em que me programei para deitar. Mas na hora em que acordo, digo que está tudo bem.

O próximo passo para quem não caiu pelo corpo, é atacar a alma. Ele fala para Jesus: "faz o seguinte, você não está cheio dos poderes? Está escrito que você dará ordens aos seus anjos para que te guardem. Se jogue daqui de cima. Isso é a proposta da alma, para ver se o ego de Jesus iria aflorar. Jesus confirmou que poderia dar ordens para todos os anjos e eles o pegariam mesmo. Mas disse que não o faria. "Não te peguei pela alma? Vou pegar no espírito. Vou te mostrar todos os reinos da Terra". Ele mostrou os reinos mineral, vegetal, animal, humano e disse que, se Jesus desconectasse de Deus e se curvasse para ele, o daria todos os reinos. Aquilo foi uma grande tentação para quem é humano. Mas Jesus é filho de Deus. Não caiu nas artimanhas do diabo.

Ele sempre está alerta para fazer uma proposta. É sempre assim: "desconecte do Espírito de Deus e abaixe sua cervical para mim que te darei tudo". Em Mateus 4 está escrito: adorarás o Senhor teu Deus, e só a Ele servirás. Morreu a conversa.

A proposta sempre parte debaixo (corpo). Você conseguiu resistir, ela apela para o intermediário (alma). E, se necessário, vai para o espírito. Mas a maioria das pessoas não dá conta nem de um tranco no corpo. Já cai nele. Você quer prosperar, quer governar? Você precisa ser resistente. Não com aquilo para o que Deus te chamou, mas resistente pelo que Ele te chamou. É diferente. Ele te chamou para ser resistente, para resistir ao diabo. Entende o código? Resistir ao diabo. O diabo é covarde. Ele não suporta gente forte. Esse bando de demônios é covarde. Eles chegam em você e, se não der certo, partem para o próximo. Uma coisa boa que posso falar para você ficar em paz é que não tem um demônio para cada pessoa. Quando descobri isso, entendi porque ainda tem gente boa na Terra. Se tivesse um demônio para cada um, estaria todo mundo perdido. Ele ficaria insistindo até entrar. Às vezes, ele olha para você e pensa: "você é tão ruim em cuidar da sua vida. Você está mandando bem demais". Eu arrepio só de pensar nisso. Os demônios passando nas casas das pessoas e avaliando "esse aqui já se ferra sozinho, essa aqui também. Não preciso nem atentar". Eles vão para o sindicato dos demônios e dizem: "o que é isso, que época é essa? Nós não precisamos nem trabalhar. Temos só que assistir".

As ações do inferno só sobem porque você está ocupado. As ações do inferno sobem porque tem gente morrendo sem conhecer o que deveria porque está neutralizado. Eu sei que você quer ganhar dinheiro. Os dêmonios falam: "foque só no dinheiro. Você merece". Gente, não tem uma fala que consiga conectar com o meu coração se vejo que não veio da parte de Deus. Por exemplo, quando alguém diz: "o Pablo é merecedor de estar onde está". Eu sei que não mereço nada disso, tudo foi pela graça. Como já disse anteriormente, sou imune a elogio. Elogio é anzol. Quando escuto alguém dizer que mudei a vida dele, respondo que nem Deus muda os outros, como fiz isso? Posso falar uma coisa que fico em paz na minha vida? Se você der certo, o problema é seu. Se você der errado, o problema é seu também. Imagine eu com um monte de anzol preso no corpo, na boca, no intestino, no peito, na bunda, em todos os lugares? Um monte de gente passando anzol e falando "mudei por sua causa". Eu iria ficar igual ao Lúcifer, pensando ser mais poderoso que Deus. Ninguém muda ninguém. Uma das coisas que me fez ser um homem feliz é entender que não mudo ninguém. Eu fico tão em paz com isso, porque não tenho obrigação nenhuma, nenhum dia em que acordo, de mudar uma única pessoa. Mas sou uma faísca. Não chegue perto de mim se estiver com a pólvora seca, mesmo se não quiser, vai explodir sem querer. Porque você vai ouvir coisas que não saem mais da sua cabeça. Você vai ver coisas que a sua ignorância visual vai assumir. Você vai ouvir coisas que fazem seu coração bater numa frequência que nunca alcançou antes. Isso vai acontecer. Eu garanto. Agora, mudar é uma questão de dentro para fora. Você tem que querer. Não dá para ninguém fazer por você.

7 Habilidades poderosas para se tornar um milionário:

1. Faça Network;
2. Tracione e conecte;
3. Desenvolva a Comunicação;
4. Nunca pare de Estudar;
5. Seja Resistente;
6. Tenha Repertório;
7. Troque de Ambientes.

AGORA É COM VOCÊ!

Quais são as mudanças necessárias a serem feitas em sua vida? Analise as pessoas que você anda e os ambientes que frequenta. Esses cenários fazem você ser uma pessoa melhor e cumprir o seu propósito?

HIGIENIZAÇÃO

Essa é a geração mais retardada da qual tive notícia. É a primeira geração na qual os filhos têm QI menor que os dos pais. Também é a geração dos relacionamentos perecíveis. Está escrito na Bíblia que nos últimos dias o amor iria esfriar. Como esfria o relacionamento? Com excesso de tecnologia. Para se livrar desses demônios, você precisa fazer uma higienização em sua casa. É lá que eles moram. Alguns carregam demônios para a empresa e alguns carregam para todos os lugares. Andam de mãos dadas com eles. Tem demônio que vai pendurado na mochila e a pessoa sente um peso nas costas. Os vários pesos que você carrega são em virtude do espaço que deu para esses demônios. Como expulsá-los? Com uma mente que tem controle mental absoluto. Como é essa mente? Tudo começa na identidade. Essa mente começa a ser plena nas camadas da identidade. Ela transborda. Ela conecta direto com a fonte. Essa mente detecta quando vem uma ideia do diabo e a rejeita. Quando vem essa tensão diferente, ela desliga o equipamento para não queimar. Como ter esse controle mental absoluto? Tem de fazer um crivo. A ideia que está vindo vai fazer você prosperar e vai prosperar outras pessoas? Se a resposta for sim, a tensão está certa. Essa ideia vai fazer você prosperar? Sim. Cuidado com ela, porque pode te levar para baixo. Mas pode deixar passar, porque você vai prosperar. No mínimo, vai virar inspiração para os outros. Tem uma terceira opção. É aquela ideia que não é nem para você nem para os outros. É para destruir. Essa tensão é do diabo.

5 CÓDIGOS PARA REFLETIR E CONFRONTAR-SE

1 Não fique se comparando, isso só vai gerar morte. Foque em você e no seu crescimento.

2 O medo combina com qualquer coisa, menos com a prosperidade.

3 Nossa briga não é com as pessoas, e sim contra o tempo.

4 O seu bloqueio tem intimidade com seu propósito.

5 Como descobrir meu propósito? Imagine que você tem 10 sementes nas mãos, como você vai descobrir qual é a espécie? Plantando. É assim que descobre o propósito, no processo.

DÚVIDA

Os demônios não tomam conta da sua vida de uma hora para outra. O processo é lento. A pessoa começa a deixar buracos. Um buraco no teto do prédio de uma das minhas empresas fez uma cachoeira de água cair dentro dele. Foi falta de manutenção na calha. Alguém deixou sujeira e o acúmulo de papelão obstruiu a calha, que transbordou e arrebentou com o forro, com tudo. Um papelão causou todo esse estrago. Assim funciona com o pecado. Um pecado. Uma inobservância. Eles obstruem seu sistema. Destroem suas coisas. Como já vimos, o objetivo do demônio é te manter ocupado. Se você for resistente, ele fará uma proposta. Você não aceitou? Ele vai partir para a agressividade. Vai fazê-lo duvidar de quem é. Vai instaurar a dúvida. Você vai fazer uma oração e ele vai interferir. Ele lança uma palavra: "se". Ela significa variável. Se a fé é a certeza das coisas que espero e a convicção das coisas que não vejo, o "se" não opera nessa função. Eu tenho certeza e já estou esperando. Quando oramos, tem alguém no segundo céu. O diabo e sua tropa ficam lá. Você está no primeiro céu, ele fica no segundo, e Deus no terceiro. A Bíblia fala que a oração sobe ao incensário, na mão de um anjo. Ela sobe ao trono, Deus responde e a envia de volta. Só tem dois problemas: na subida e na descida. Onde? Nas regiões celestiais, onde fica a potestade. Alguém a interrompe para checar se a pessoa tem fé mesmo. Deixa eu dar uma balançada nisso aqui. Ele fala: "e se Deus não te amar tanto assim? E se você estiver sozinho? E se isso tudo for só uma fábula". E se, e se e se... O jogo do cara é só falar uma palavra mágica: "se".

Tem gente que se acha demais. Por que você acha que a vida dessa pessoa está desse jeito? Vão dizer que é culpa do diabo. Rapaz, o diabo é um ser. Você não é tão especial assim para chamar a atenção dele. Quem mexe com você são os demônios. O que eu penso sobre condição? Para mim, condição é aquilo que enfraquece a imagem de quem é governante. Ela o impede de tomar decisões. Você usa a condição para justificar sua vida. Você perdeu o jogo. Entrou no jogo dele. É o jogo do "se". Ou seja, tem que se curvar para essa condição. Não, você tem que crescer. Você não tem que deixar de fazer aquilo para o que foi chamado. Você tem que tomar posse.

Quero mostrar no texto bíblico qual foi a técnica que o demônio usou com Jesus para você nunca mais cair nela. "Então, Jesus foi conduzido pelo Espírito ao deserto para ser tentado pelo diabo". Se até Jesus foi conduzido ao deserto para ser tentado, imagine você. Para que serve a tentação? Para fazer você subir ou descer. Acabei de fazer um processo seletivo para uma vaga de analista executivo. O cara vai trabalhar direto comigo. Foi um dos processos seletivos mais incríveis que já aconteceu nas minhas empresas. Eram nove candidatos. Eles passaram nas provas de lógica e, na hora em que eu costumo fazer perguntas ao grupo, fiz eles mesmos excluírem as pessoas de acordo com as suas respostas. Joguei a batata quente nas mãos dos caras e mandei eles se resolverem. Na apresentação, já consigo sacar quem vai conquistar a vaga. Só que os candidatos vão escolher. Eu fico quieto e eles começam. Um fala uma besteira, o outro pega. Saia da sala você, saia aquele outro. Eles vão se eliminando. E, quem chega ao final, está contratado. Eu percebo que a pessoa que cai no processo seletivo mete um "se". Ela mostra dúvida. Tem gente muito boa que poderia ser contratada, mas a dúvida a tira daquele momento. Se você duvidar por um segundo, alguém vai falar que você não serve. Então, você volta para o teste de novo. O teste faz subir ou descer na vida. Você ser testado ou tentado é muito bom.

O primeiro código para você saber sobre tentação: Deus não te tenta naquilo que você não dá conta de resistir. Veja como isso é bom. A tentação equivale ao que você consegue passar. Ele não aplica prova para a qual você não estudou. A Bíblia é categórica. Não existe tentação que você não resista. Veja o que está escrito aqui: "E tendo jejuado quarenta dias e quarenta noites, depois teve fome. E, chegando-se a Ele o tentador, disse: Se tu és o Filho de Deus, manda que estas pedras se tornem em pães. Está ali a dúvida. O cara tinha acabado de batizar no Rio Jordão – eu batizei lá também–, e baixou a pomba lá e Deus disse "este é meu filho amado, em que a minha alma tem muito prazer". Um monte de gente fica contrariado com essa minha fala, mas foi nessa hora em que Deus ativou a identidade de Jesus. Ninguém vem de fábrica com ela ativada. Ativa no caminho mesmo. Esse foi o método IP de Jesus. Foi João quem aplicou. Esse aí eu não sou digno nem de desatar a sandália. Então, nessa hora veio a ativação. "Você é meu filho amado no qual a minha alma tem muito prazer". E Jesus foi para o deserto para ser tentado. Vamos ver se essa ativação está funcionando. E a primeira pergunta do cara foi: "Se" tu és". Mas acabou de ser dito que é. Ele já sabe que é. Veja o que esse cara está fazendo. Embora já saiba, está colocando dúvida acerca disso.

Você que não tem identidade, está encrencado na vida. Vai ter que ouvir o capeta encher sua paciência. Você acha que é mesmo? Se você é mesmo, me mostra. "Se tu és o filho de Deus, ordena que essas pedras sejam feita em pães". E ele responde: "Está escrito: Nem só de pão viverá o homem, mas sim de toda palavra que sai da boca de Deus". Na sequência, o diabo leva Jesus ao monte altíssimo e lhe mostra todos os reinos do mundo e a sua glória. E diz: "todas essas coisas te darei se, prostrado, me adorares". Gente alienadora, egocêntrica e narcisista busca adoração. Deus não busca adoração. Deus está procurando os adoradores do espírito e da verdade. O diabo quer adoração. Então, disse-lhe Jesus: "vai-te Satanás, porque está escrito: Ao Senhor teu Deus adorarás, e só a ele servirás".

Vou dar uma dica. Defenda-se através de drives espirituais, ou seja, drives bíblicos. Não é com conversa mole. É com o que "está escrito". É isso o que te defende. Ele falou: "tu adorarás ao Senhor teu Deus e somente a Ele servirás". Só a Ele servirás. Vamos bugar o cérebro. Você não tem que servir pessoas. Tem que servir a Ele. Ele fala "ame esse povo por mim". É somente a Deus que você curva sua cervical. O que você vai aprender com isso? Você não se curva nunca mais quando entender quem é. Se você não entender, vai pegar um monte de proposta que vai ferrar sua vida. Você curva sua cervical só para Deus. Alguém pode pensar: "mas tenho que servir ao próximo". Deixa eu te falar, curve-se só para ele e você verá o que vai acontecer. Ele vai te honrar e vai te colocar em lugares que farão milhares de pessoas serem servidas. Por que você não está servindo um monte de gente? Pense num garçom servindo 8 mil pessoas. Ele não vai dar conta. Mas o dono do bufê dá. Maior é o que serve. O garçom não dá conta humanamente de atender 8 mil pessoas numa noite. Então, não é no tanto que você faz, é na posição que você serve. O dono do bufê fecha contrato para 40 mil pessoas e fala está feito. Ele manda funcionários, manda 800 garçons. Quem é o maior? Quanto maior a posição, mais próximo você está de quem precisa servir, de quem foi contratado. Você foi contratado por Deus? Então, só se curva para Ele. Se você entender isso, sua cervical nunca mais vai dobrar para ninguém, nem pro diabo nem para o demônio nem para o filhote do demônio.

Então, o diabo deixou e eis que chegaram os anjos e o serviram. O diabo o levou na cidade Santa e colocou-o no pináculo do templo. E disse-lhe: "se tu és o filho de Deus (de novo essa conversa? Eu não já falei que sou) lança-te daqui abaixo porque está escrito". Não vá entrevistar demônio, ele vai te dar show de Bíblia. Está escrito: não tentarás o Senhor teu Deus. Ele queria mexer com exibicionismo. Jesus disse não estou aqui para me exibir. Não estou nem aí. Se você entender isso, vai quebrar a função variável. Não me interessa o "se", interessa o que está escrito ao meu respeito. Porque se você ficar caindo nesse golpe do "se", toda hora vai se questionar. Esse "se" é uma técnica milenar criada pelo diabo para desativar a bomba nuclear. Sabe o que é triste? É que seu coração sabe o que precisa ser feito, mas não consegue te explicar. Seu seu cérebro soubesse de tudo, iria correr. Se coração sabe, mas ele fica com uma angústia porque não sabe explicar. Todos nós guardamos exatamente o que precisa ser feito dentro de nós, mas nossos corações estão debaixo dos escombros. Vamos mexer com seu coração? Vamos lá, remova uma ponte que caiu. Está fedido. Tem um monte de defuntos. Defunto de quem? Do ódio, da traição. Vou ter que arrumar, vou ter que limpar tudo. Primeira coisa, o favor e a sorte de bênçãos te pega no movimento. Deus nunca liberou sorte para quem estava deitado. Não existe essa conversa de eu estou parado e a bênção vem até mim. Alguém foi movimentar esse negócio no mundo espiritual, no almático ou no físico. Alguém colocou pressão na atmosfera. Não foi de graça. Não existe nada de graça. Nem mesmo a salvação. Você precisa acessá-la e, para isso, precisa crer. Crer custa. Custa porque você tem de pisar num lugar em que não enxerga o chão. Por isso, crer é algo que custa mais do que comprar qualquer coisa que o homem já criou.

AGORA É COM VOCÊ!

Quais são as tentações que sempre rodeiam você?
Por que considera ter essas tentações?
O que falta em sua alma para supri-las?

¹ Então foi conduzido Jesus pelo Espírito ao deserto,
para ser tentado pelo diabo.

² E, tendo jejuado quarenta dias e quarenta noites,
depois teve fome;

³ E, chegando-se a ele o tentador, disse: Se tu és o Filho
de Deus, manda que estas pedras se tornem em pães.

⁴ Ele, porém, respondendo, disse: Está escrito: Nem só de pão viverá o homem, mas de toda a palavra que sai da boca de Deus.

⁵ Então o diabo o transportou à cidade santa,
e colocou-o sobre o pináculo do templo,

⁶ E disse-lhe: Se tu és o Filho de Deus, lança-te de aqui
abaixo; porque está escrito: Que aos seus anjos dará
ordens a teu respeito, E tomar-te-ão nas mãos,
Para que nunca tropeces com o teu pé em alguma pedra.

⁷ Disse-lhe Jesus: Também está escrito:
Não tentarás o Senhor teu Deus.

⁸ Novamente o transportou o diabo a um monte muito alto;
e mostrou-lhe todos os reinos do mundo, e a glória deles.

⁹ E disse-lhe: Tudo isto te darei se, prostrado, me adorares.

¹⁰ Então disse-lhe Jesus: Vai-te, Satanás, porque está escrito:
Ao Senhor teu Deus adorarás, e só a ele servirás.

¹¹ Então o diabo o deixou; e, eis que chegaram os anjos,
e o serviam.

¹² Jesus, porém, ouvindo que João estava preso,
voltou para a Galileia;

¹³ E, deixando Nazaré, foi habitar em Cafarnaum,
cidade marítima, nos confins de Zebulom e Naftali;

¹⁴ Para que se cumprisse o que foi
dito pelo profeta Isaías, que diz:

¹⁵ A terra de Zebulom, e a terra de Naftali, Junto ao
caminho do mar, além do Jordão, A Galileia das nações;

¹⁶ O povo, que estava assentado em trevas,
Viu uma grande luz; aos que estavam assentados
na região e sombra da morte, A luz raiou.

¹⁷ Desde então começou Jesus a pregar, e a dizer:
Arrependei-vos, porque é chegado o reino dos céus.

¹⁸ E Jesus, andando junto ao mar da Galileia, viu a dois irmãos,
Simão, chamado Pedro, e André, seu irmão, os quais
lançavam as redes ao mar, porque eram pescadores;

¹⁹ E disse-lhes: Vinde após mim, e eu vos farei
pescadores de homens.

²⁰ Então eles, deixando logo as redes, seguiram-no.

²¹ E, adiantando-se dali, viu outros dois irmãos, Tiago,
filho de Zebedeu, e João, seu irmão, num barco com
seu pai, Zebedeu, consertando as redes;

²² E chamou-os; eles, deixando imediatamente
o barco e seu pai, seguiram-no.

²³ E percorria Jesus toda a Galileia, ensinando nas suas
sinagogas e pregando o evangelho do reino, e curando
todas as enfermidades e moléstias entre o povo.

²⁴ E a sua fama correu por toda a Síria, e traziam-lhe todos os que
padeciam, acometidos de várias enfermidades e tormentos, os
endemoninhados, os lunáticos, e os paralíticos, e ele os curava.

²⁵ E seguia-o uma grande multidão da Galileia,
de Decápolis, de Jerusalém. Mateus 4:1-25

CRENÇAS

Por que um monte de gente não muda de vida? Porque não acredita. Tem os que não acreditam, tem os neutros e tem os que fecharam o coração. A pessoa que não acredita quer atrapalhar os outros que estão neutros. E os que acreditam vão e pronto. São três níveis de crença. A crença negativa, a crença neutra, que vai te levar para o lado negativo (cognitivamente, é normal pender para o lado negativo), e a crença positiva. Qual dessas três é a melhor? Nenhuma delas. As três são a mesma coisa. O melhor é fazer uma crença se transformar num fato. Eu não acredito no "para as coisas acontecerem". Eu acredito no "para sair do lugar". A crença não é para aquilo acontecer, a crença é para eu sair do lugar. E só vai acontecer no caminho. Ela vai se tornar um fato. Estava em Israel olhando coisas nas quais eu só acreditava. E, quando fui vendo, disse que não iria acreditar mais. Gosto de gerar crise emocional nas pessoas. Os caras que estavam na viagem comigo pediram para que eu repetisse o que tinha dito. Eu disse não acredito em mais nada, nada disso. Como você não acredita? E eu falei que não tinha como acreditar. "Estou aqui em Israel, estou pisando aqui. Tudo isso em que eu acreditava não tem como acreditar mais", falei. E os caras diziam que os cérebros deles estavam bugando. Finalmente, eu disse: "como vou acreditar se tudo que vejo é fato?". Eu acredito em coisas que não vejo. Eu tenho certeza de coisas que espero. Aqui, estou vendo. Então, fiz uma lista de coisas que parei de acreditar porque viraram fatos. A crise deles passou.

Você acredita em coisas que não vê, que não toca, e a crença é para te tirar do lugar, para te levar para o percurso. É no percurso que o negócio vai virar fato. Não era mais fácil Deus falar para José ir direto ao faraó e dar uns comandos para ele? Imagine falar para um adolescente que ele vai governar a nação mais rica da Terra. Pega um adolescente qualquer de 16 anos e coloque isso na cabeça dele. Primeiro, ele será considerado um idiota se contar isso para alguém. Diga que ele vai governar os Estados Unidos. Ele vai dizer que não dá, porque é brasileiro. Você não entendeu. A lei vai mudar. E aí tem dois caminhos: você vai direto no faraó e fala que Deus mandou ou cresce para dar conta de cumprir essa ordem. Imagina o José querendo cortar o caminho. Presta atenção o que é o atalho. É ele chegar na frente do faraó sem demanda nenhuma, sem experiência nenhuma, sem nada e falar Deus mandou. Disse que vocês todos vão se curvar e eu vou salvar vocês. O faraó pegaria o cetro e mandaria arrancar a cabeça do menino. É o máximo que ia acontecer. Por que José nunca conseguiria pegar esse atalho? Porque não tinha uma demanda do faraó, não tinha experiência, porque não cresceu como homem, não fez nada. O que aconteceu? José pegou o caminho normal, cresceu para ficar da altura do palácio. Ele aprendeu a governar no caminho, na casa de Potifar, na prisão. Está escrito que José tinha a chave da cadeia. O cara governava a cadeia. Quem tem a chave da cadeia, é o governante. Ele governou sobre os próprios impulsos sexuais. A mulher do patrão queria se envolver com ele, mas José não cedeu. Ela disse que se ele não ficasse com ela, iria denunciá-lo. Jose preferiu ir para a cadeia do que ceder. Ele ficou preso por 13 anos indevidamente. Quando saiu, alguém perguntou como era possível virar governador por causa de um sonho. Está é a demanda. Você precisa da demanda. José foi sozinho e os demônios ficaram em casa. José falou: "sou eu e Deus, vamos embora". Esse é o problema de todo mundo. Vocês não entendem aquilo que Deus colocou no peito porque o coração está debaixo de escombros. Esses bloqueios todos criam uma cortina de fumaça. Impedem que você entenda. Eu garanto pela minha vida, pela minha salvação e pelo reino que não existe nada que não esteja aí dentro já. Conheço o modus operandi do Criador. Ele não vai colocar nada novo na Terra. Ele já plantou tudo há milhares de anos. Dois mil anos atrás tinha alumínio na Terra? Não tinha alumínio. Mas a bauxita estava aí. Para você ter ideia, 8.3% do globo, 8.3% da volumetria inteira da Terra, é bauxita. Mas Deus não nos contou. Ele não vai contar, você vai ter que descobrir. Imagine o tanto de coisa que tem enfiada debaixo do solo que a gente nem sabe para que serve porque a demanda ainda não foi criada. Lembra que José só virou governador por causa da demanda? Preste atenção, você só vai virar alguma coisa se tiver demanda. Não tem, crie.

    Eu não queria cumprir propósito, queria bater meus resultados na Brasil Telecom. Pensava no dinheiro e na fama. Queria ser o cara mais poderoso daquela empresa. Como descobri meu propósito? Estava no meio desse caminho e percebi que para bater minhas metas, não adiantaria falar de resultados coletivamente. Passei a ajudar as pessoas individualmente. Quando vi um bobo virar sábio e mudar de vida, pensei que era isso o que deveria fazer. Quando vi uma pessoa que sonhava em ter um Corsa Wind e não tinha nenhuma perspectiva de mais nada, trocar esse desejo e falar eu quero crescer como pessoa, quero ter habilidade e quero ser exponencial e o cara começar a crescer dentro da empresa, percebi que aquilo transforma o ambiente. Foi isso o que me interessou. Foi assim que comecei. Minha vida é dedicada a isso desde 2005. Transformar gente. Meu prazer é levantar defunto. Talvez você sentiu vergonha junto comigo naquele episódio em que orei para a cadeirante e ela não se levantou. Posso falar? Vou fazer de novo. Talvez eu não estivesse na minha melhor fase. Já fui a dois velórios orar para os defuntos e ordenar que eles se levantassem. Não levantaram. Mas vão levantar. Se a Bíblia é verdadeira, isso vai acontecer. E eu sei que acontece, só não aparece no Fantástico. Sabe o que de verdade queima aqui dentro? Tem que levantar um povo mais doido do que eu. Estamos muito normais. Tem um monte de demônios que neutralizam todo mundo e estamos inertes. Daqui uns dias, você vai fazer coisa que você nunca aceitou porque está ouvindo essa tropa. A parada não é uma revolução, como está todo mundo imaginando. Essa revolução não é da política. Essa revolução é do reino. Ela vai entrar na política, vai infiltrar no sistema financeiro, vai infiltrar em tudo. No dia em que você entender para o que foi chamado, vai pirar.

Por favor, pare de alimentar demônio. Seja um pouquinho mais resistente pelo que Ele te chamou, não contra o que Ele te chamou. Preste bem atenção: ocupação, neutralização e dúvida. São as três coisas que temos de tratar agora. Não se mantenha ocupado com nenhuma proposta que te tira do propósito. Eu falo assim: "Senhor, pode custar milhões, mas, se não for meu propósito, me tira disso. Se eu não der conta de sair, quero que me tire". Falo isso direto no meu boot pessoal. Todos os dias. Senhor, deixa eu sentir aqui dentro. Alguém pergunta: "como ler o coração?". É simples. Você sente como se fosse um sopro. O coração dá sinais. Quando estiver em um projeto e seu coração disser para não dar andamento, pare. Pare imediatamente. Essa é a melhor sensação que tem na vida. A melhor sensação não é fazer grana. É ouvir o coração. Se o coração soubesse explicar tudo que está guardado nele, acho que você morreria. Ou ia rir por 18 dias seguidos.

CÓDIGOS

Deus fala através de códigos. José é o seguinte: é lua, estrela e sol se curvando. Abraão é o seguinte: vai para uma terra que vou te mostrar. Mas como eu saio para um lugar que não sei onde que é? Quer saber o que significa? Saia da sua terra para uma terra que te mostrarei? São duas ordens. Cumpra a primeira, a segunda vai vir no caminho. Só que você pega essa meninada de hoje que não dá conta de chegar nem no bairro vizinho sem GPS. Imagine cumprir uma ordem de Deus que pede para sair de onde está para só depois saber para aonde ir. Aí, você vai dizer: "tenho que colocar o destino para pedir o Uber". Tem como o Uber vir buscá-lo sem você preencher o destino? Não. É por isso que você não faz o que Deus quer. Porque não é uma viagem de Uber. É uma viagem para um lugar que você só vai conhecer no percurso. Mas, primeiro precisa sair. Depois, vai descobrir.

Sua vida está boa do jeito que está? Não? Se não está, saia. Saia da mediocridade, saia do horário em que você acorda, saia desta cama, saia dessa dieta de engorda. É só sair. Beleza, e agora? Do nada encosta uma pessoa e diz: é para cá. Você quer ter uma vida excelente? Sim ou não? Para isso, tem que deixar a vida boa. Tem um tanto de coisa boa que te atrapalha e você nem imagina. Ganhei R$ 10 mil. Largue o bom. Quando decidi lançar minha candidatura à presidência da República, falei para Deus: "saí da minha terra e da minha parentela. Bora para a próxima? O que será?". Ele só falou: "continue". Nunca vou esquecer que um ou dois dias antes de derrubarem minha candidatura, estava num avião com minha equipe com um roteiro de 11 cidades para visitar. A Polícia Federal estava em outro avião me escoltando. De repente, senti um sopro. Meu coração avisou: acabou. Pensei em como iria explicar para todo mundo, inclusive para a Polícia Federal, que não seguiria viagem. Tinham 11 policiais que andavam comigo o tempo todo. Tinha que passar o roteiro para eles com antecedência. E eu só agradeci: "muito obrigado, foram tempos maravilhosos com vocês". Meu coração falou para tocar para trás e eu obedeci. Não ouvi a voz de Deus, só senti que era para voltar para casa. Passou um tempo e saiu a decisão do cancelamento definitivo da candidatura. Era o Senhor me poupando. "Só segue. Você não é bom no combate? Então, faz do jeito que eu mandar". Sou um servo bom e fiel. Isso ninguém vai tirar de mim. Eu combato o bom combate. O coração falou: "renova o batalhão, sobe no caminhão e vamos mudar de missão". É só isso o que quero fazer. Eu não quero fazer por mim. Eu não fiquei nem um pouco mal por conta desse cancelamento. Porque sou um governante e estou debaixo de uma missão. Alguém perguntou: "você acha que foi um livramento?". Não estudei na faculdade do "achismo". Foi um livramento os irmãos de José o expulsarem? Foi um livramento a mulher ficar pelada na frente do José e ele ir para a cadeia? Não. Faz parte do processo. Você não entende quando está acontecendo. Mas de tanto ver essas histórias de todo mundo que andou com Deus, dá para entender. Ele está te forjando para você ficar forte. Eu entendi tudo o que aconteceu.

Está tudo bem. Estou contando essa história para você entender o aprendizado. Tem gente que fica ruim e eu não dou conta de ficar ruim por conta desses percalços. Quem tem uma missão morre, mas não fica sem fazer. Se você morrer, fica em paz. Deus coloca outro no lugar. Deus não vai ficar carente por sua falta. Se você está debaixo do propósito, você não morre. Mas, se estiver concluindo alguma missão social, pode ficar tranquilo que vai vir outra pessoa em seu lugar para terminar.

Deus nunca usa uma pessoa para benefício dela mesma. Ele usa para benefício de um povo. Em toda a história da Bíblia e do Egito foi assim. Então, eu te pergunto: "você vai continuar com essa variável na cabeça? Com esse "se" para tudo? Não faça isso. Quero que você entenda que vai passar por provação, mas toda provação é para te certificar para a próxima fase. Se você entender isso, tudo muda. O que você vai fazer com o "se"? Apague-o do seu vernáculo, do seu vocabulário. O que significa apagar o "se"? Não tem mais variável em sua cabeça. Você determina algo e faz. Pablo, quando eu paro? Vai parar quando o negócio ficar monstruoso. Quando eu desisto? Nunca. Eu só paro quando multipliquei o talento e passei o handover, o bastão. Quando você tem controle mental absoluto, desistir nunca é uma opção.

> A melhor sensação que tem na vida é ouvir o coração. Quando você tem controle mental absoluto, desistir nunca é uma opção.

INDECISÃO

Como expulsar o demônio da indecisão? Vamos fazer uma ação baseada na numerologia bíblica. Você vai tomar dez decisões erradas de propósito. Então, seu cérebro irá falar: já chega. Fiz isso com a minha esposa e com sei lá quantos clientes de mentoria individual. A indecisão é fruto de querer ser perfeito, coisa que você não é. A indecisão é fruto de você querer ser espetacular e amado. Então, em vez de pensar em tomar a decisão certa, nas próximas dez faça só escolhas erradas. Quer ver? Você prefere comprar uma camisa polo verde ou azul? Azul. Então, compre a verde. Você prefere comer no Madero ou no Burger King? Madero. Vá ao Burger King. Está vendo que você tem as respostas? A indecisão não é não ter a resposta, não é ficar desprovido de alternativa, é não ter coragem de assumir suas escolhas. Seja econômico com a sua vida. A indecisão gasta duas vidas para viver uma coisa só.

ADEUS, DEMÔNIOS!

Como ter certeza se o coração está sendo verdadeiro se na palavra de Deus está escrito que o coração do homem é enganoso? Pense bem, tem centenas de versículos na Bíblia falando de coração e só um deles fala que o coração é enganoso. A pessoa pega todos os outros, embala e joga na lixeira. É bíblica essa menção. Ela está correta. Só tem um problema. O que significa um coração enganoso? Um coração enganoso é aquele que tem raiva, rancor, ódio e amargura. Humildemente, nunca vi uma pessoa entre os vivos explicar essa questão aos cristãos, então fui atrás da resposta. Fui descobrir porque não aguentava mais ter de responder a essa pergunta. Então, se o coração enganou, a gente não tem que confiar nele. Veja outro versículo: "de tudo que deve guardar, guarda o seu coração, porque dele procedem as fontes". A verdadeira sabedoria está reservada para os retos de coração. Se eu continuar falando você vai escolher ficar com o versículo do coração enganoso ou vai colocar seu coração em retidão? Vai ficar com o coração enganoso ou vai fazer o coração ficar sem raiva, rancor, ódio e amargura? Quando entendi isso, comecei a criar um monte de códigos para proteger o coração. O cara me rouba e eu olho para ele e falo: está resolvido, pode ir embora. Você não vai fazer nem um boletim de ocorrência? Nem a pau, pode ir embora. Eu não vou arrumar treta com os outros, porque tenho que guardar meu coração. Ele é como um bebê de um dia. Você quer uma imagem boa para guardar seu coração? Use a simbologia. Seu coração é um bebê de um dia. Como trato esse bebê? Vou jogá-lo no chão? Vou deixá-lo sem se alimentar? Como você fica com um bebê de um dia? Você o guarda. Você vai deixá-lo passar frio? O bebê de um dia você protege. Meu coração é um bebê de um dia. Quando ele completar dois dias, volto para o dia anterior. Deixo-o sempre com a pureza do bebê de um dia. Não vou ficar um minuto sem olhar esse bebê, ou seja, ele está guardado. Crie drives mentais para resolver os problemas na cabeça e não deixá-los descer para o coração. O que não é resolvido na cabeça desce para o coração e alastra para os pulmões, desce para os rins e para o intestino, que acelera o cortisol e o faz engordar.

Quer ter o coração em paz? Resolva em sua cabeça. Não deu conta, corta. Veja minha técnica. Conte cinco, quatro, três, dois, um e acabou. Cada um tem a vida que merece. Pronto. A pessoa pisou na bola comigo? Esse é o melhor que ela dá conta de fazer. Não estou esperando nada além disso. Eu desliguei a expectativa. Como você foge do seu coração? Primeiro erro é esperar por gratidão. Gratidão é um ato voluntário. Não pode ser cobrado. A pessoa fala: "te dei tal coisa e esperava que você também me desse". Eu pego aquela coisa e entrego. Devolvo. Numa palestra, o cara levantou e trouxe para mim um livro, a chave e o documento do carro. E ele disse: "eu te desafio a me contratar para trabalhar na sua empresa". Tome aqui, filho. Fique com seu carro. Teve outro que olhou no relógio e eu perguntei se ele queria ir embora. Ele disse que não. Então, falei que só continuaria a falar se ele me desse o relógio. O cara trouxe o relógio, eu o peguei e ele falou: "agora tenho direito a mais 40 minutos de palestra". Opa, toma aqui seu relógio de volta. Aqui, você não manda em nada. Minha intenção era apenas desafiar o cara e mexer com todo mundo. Mas na hora em que ele falou "agora eu tenho direito", acabou a simulação. Direito? Se você quer andar perto de mim, a única coisa que vai falar é sobre dever. O seu. Não vai nem cobrar os meus. Cobre o seu. Se você fizer isso, seu coração fica em paz e você cumpre todas as suas coisas.

Um dia recebemos uma ligação e alguém contou do pecado de um pastor, um dos caras que eu mais modelei na minha vida. A Carol ficou mal por quatro dias. Eu fiquei mal por cinco segundos. Ela não conseguia entender nem ressignificar. Eu não quero curtir problema. Se estiver no meu comando, resolvo. Se não estiver, conto até cinco e deixo pra lá. Se descer pelo pescoço, o bebê engasga. Não deixe descer. É do topo para fora. Resolveu, morreu. Não resolveu, cai fora. O que fiz ao saber do pecado do pastor? Contei cinco segundos. Mandei um áudio e disse: "descobri o que você fez. Te amo mais que antes. Se você quiser, vou gastar meu tempo para te ajudar a desbloquear". Um dia, o encontrei pessoalmente e ele disse que se sentia muito amado por mim e que eu o tinha ajudado em seu processo de cura. Eu só não queria que aquilo ferrasse com meu peito. O que fiz? O tal do amor e do perdão é para as pessoas que não merecem. É só nessa hora que eles servem. Já ouvi de muitas pessoas que amo que sou idiota e não posso aceitar certas coisas que fazem comigo. Não é que eu esteja aceitando, é que não quero ferrar com meu peito. Quero que meu peito seja sensível. Ele é meu filho de um dia. Ele tem que ficar quietinho, ninguém vai entrar na cabeça dele. Eu cuido dele. De tudo que deve guardar, guarda o filho de um dia, porque ali está o segredo.

Quando você voltar para casa, fique na porta e dê um tchau para os demônios que estão querendo entrar. Diga a eles que não entrem no seu lar. Aqui, não é casa de medo, não é casa de procrastinador, não é casa de gente enrolada, não é casa de gente sem moral, não é casa de gente que fala e não faz. Aqui é casa de gente que governa. Então, vocês estão para fora a partir de hoje.

Conclusão

O maior confronto da sua vida é aquele que terá que fazer com você mesmo. Sem estresse e nem gritaria, olhe-se no espelho e responda sinceramente: "Quem sou eu?"; "O que aconteceu comigo para eu viver a vida que tenho hoje?"; "Eu já sei qual é o meu real propósito?"... Faça perguntas, questione sempre!

Não aceite a vida que tem, se não estiver satisfeito com ela. O único que pode fazer pressão em você é simplesmente você mesmo. Muitas vezes, escuto: "Deus tem um plano para mim. Existirá o tempo certo". Para com isso! Deus tem um plano para você, mas faça a sua parte. Dê o play na sua vida agora! Não há colheita sem semeadura. E sempre será tempo de semear e colher. Se as suas sementes não estão crescendo, troque a semente. Escolha um novo ambiente para plantar. É preciso agir!

O enfrentamento é contra você mesmo. Qual é a sua real identidade? Não olhe para ninguém ao lado, e sim olhe para dentro de você. Se estiver "carregando" pessoas nas costas, mude o quanto antes esse cenário. Deus não fez alça em pessoas para você carregá-las.

Quando você descobrir seu real chamado, tudo fluirá bem. Contudo, você precisa fazer essa descoberta. E saiba desde já que não é sobre somente dinheiro. Sim, dinheiro dá acesso a muitas coisas, mas ele não compra a sua evolução como pessoa. Questione-se: "De qual forma você pode transbordar na vida de outras pessoas?".

Todo ser humano é rico em algum conhecimento. Qual é o seu? Lapide-o e transborde-o para o mundo.

É claro que alguns demônios aparecerão ao longo da sua jornada, todos com o objetivo de lhe desviar da rota principal. Você vai permitir ou irá confrontá-los?

O tempo está passando. Pegue esses códigos, faça as tarefas deste livro e comece a tocar o terror na Terra. Você não veio apenas de passagem por aqui, veio para consagrar o seu propósito.

TMJADF

BÔNUS

100 CÓDIGOS
PODEROSOS

para colocar
em prática
a arte de
confrontar
a si mesmo

1
A indecisão não é não decidir, é não ter a coragem de decidir.

2
QUER GOVERNAR? Seja resistente por aquilo que Ele lhe chamou!

3
Não troque o propósito por proposta. A proposta vem fácil, o propósito tem obstáculos e lhe faz sair da zona de conforto.

4
Ninguém decola com o pé no chão, precisa ganhar velocidade, aerodinâmica e propulsão. Se esperar à vontade, esperar a condição, esperar o dinheiro, você não fará o que precisa ser feito.

5 Perdão não é um sentimento. Contudo, depois de perdoar, o melhor sentimento entra dentro de você: de paz, leveza e alegria. Se você deseja uma vida de paz, precisa perdoar.

6 Obstáculo é aquilo que eu invento, quando eu tiro o olho do alvo. As pessoas tentarão lhe parar de todo jeito. Continue com o olho no alvo.

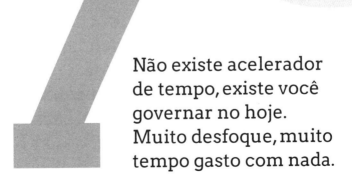

7 Não existe acelerador de tempo, existe você governar no hoje. Muito desfoque, muito tempo gasto com nada.

8. Existe uma lista daquilo que você sabe o que quer, e a lista que você não sabe o que quer. Isso é necessário para tomada de decisões.

9. Se decisão é matar uma opção, tão importante quanto saber o que quer, é saber o que não quer.

10. PROCRASTINAÇÃO É PERIGOSÍSSIMA, é a ladra da alma, é um mendigo que está morando dentro da sua casa e dormindo na sua cama. Faça agora o que precisa ser feito.

11 Autoimagem é a forma que você se olha, não é a forma que você quer se olhar. Algumas pessoas têm autoridade sobre a sua vida, você se vê baseado no relato de como os outros lhe veem e isso está totalmente errado.

12 O segredo é ganhar dinheiro na compra para vender em escala. Entenda do jogo, faça perguntas. Dessa forma, você fará compras muito melhor.

13 Não se curve para a capacidade que você carrega, mas sim para a potência que você sempre foi.

14 Você se sente amado pelo Criador? Quando você se sente amado, você cura sua autoimagem, começa a transbordar e prosperar.

15

O tanto de desculpas que você já deu é o resultado que você tem hoje.

16

ABUNDÂNCIA É MENTALIDADE. E a mentalidade possui níveis:
- Escassez;
- Abundância;
- Transbordo.

Se você gostar da escassez, você nunca sairá dela! Já a abundância é onde tudo começa.

17

Os bloqueios positivos vão lhe resguardar, os negativos vão lhe impedir de viver coisas maiores.

18
Não insista em coisas que não fazem sentido.

19
A sabedoria é a semente da riqueza! Você quer a riqueza, mas está plantando escassez, isso é quebrar a ordem.

20
Perguntas revelam sabedoria. Antes de começar qualquer coisa faça perguntas:
- 1° Para você;
- 2° Para o Criador;
- 3° Para o próximo.

21
Se você não dá a instrução para os seus filhos, os professores dão, a televisão vai dar! Assuma posição de comando!

22

A corrida é uma só: é a sua vida. E você está a levando na brincadeira! E nessa corrida você perceberá que os pesos que estão no carro farão você chegar por último. Porque não ganhar uma corrida não tem problema nenhum, mas chegar em último é a pior coisa que existe.

23

Não existe intimidade no coletivo. Por isso, no coletivo, o que existe é interação. Já a intimidade é conquistada com o tempo individual.

24

Para hackear seu cérebro, você precisa tirá-lo da forma automática e colocar na forma manual.

25

Todo vício tem um gatilho. Você precisa descobrir o gatilho, como começou e em que momento foi. Somente assim você poderá ressignificar esse vício.

26

Não existe impossível para quem já saiu do lugar.

27

Quem é a pior pessoa no mundo que não consegue negociar? O orgulhoso. Ele nunca sabe a hora de parar. Você precisa negociar e renegociar.

28 NÃO INCOMODOU NINGUÉM? É porque você não tem prosperado! A prosperidade incomoda.

29 Enquanto você não entender quem você é, não valerá nada.

30 DESAPEGA DA DERROTA! A mentalidade de uma pessoa vencedora é a que dá o seu melhor até o fim.

31 O sentimento é a forma que eu interpreto a realidade. Você sabe que você interpreta a realidade de uma forma completamente errada? De forma artificial.

32

Prometa para você mesmo: eu vou me inclinar para o próximo nível.

33

Você é facilmente parado, porque sua visão não está clara.

34

As palavras comovem, O RESULTADO CONVENCE.

35

Vontade é maior do que qualquer energia na Terra.

36 Não é preciso de dinheiro para mudar, se você não tem valores.

37 Fracasso é bom. A soma dos seus fracassos modela o seu sucesso.

38 É preciso errar muito, mas não nas mesmas coisas.

39 Qualquer um faz o simples, mas os idiotas não fazem todos os dias.

QUEM TEM LIMITE NÃO PROSPERA.

41 A sua atual condição não determina quem você é.

Tenha sempre experiência, resultado, conhecimento novo para ter a prosperidade.

43 Quanto mais você ajudar os outros a prosperarem, mais rico você será.

44 Não tenha medo de nada, mas tenha pavor quando Deus falar: "Você está fora do roteiro". Por isso, faça valer!

45 Quer uma coisa que aumenta a pressão e a geração de sua riqueza? Cuide do seu corpo! Tome água, durma bem, faça exercícios e aumente a sua capacidade de geração de pensamento.

46 Ninguém suporta uma pessoa obstinada em cumprir aquilo que colocou no coração.

Ninguém vai lhe apoiar.
Os seus melhores amigos
falarão: "Você é louco!".
No começo, todo mundo
bate palma, mas, quando
começar a fazer diferente,
vão querer lhe barrar!

QUER SER FELIZ?
Dependa apenas
de você!

É HORA DE
VIRAR O JOGO!
Seja contundente,
estratégico e fazer
gestão de recurso.

50
Quem tenta não consegue. Vai lá e faça!

51
Não conte seus projetos para ninguém. Trabalhe em silêncio.

52
Vento contrário é o que move o mundo. Deixe as pessoas ficarem contra você!

53

Quanto mais amizade com sabedoria, maior será a sua expansão mental.

54

As famílias não prosperam em unidade por conta da inveja, afronta e humilhação. Não deixe isso entrar em sua casa!

55

Use seu cérebro, questione! Faça perguntas diante daquilo que não concorda.

56

FALA TEM PODER! Por isso, só abra a boca para construir!

57
Um cérebro humano que não aprende é a pior coisa que existe.

58
Sabedoria, prosperidade e riqueza: siga essa ordem!

59
Quem trabalha demais não tem tempo de prosperar.

60
Cole em quem está crescendo! As pessoas que estão no seu time são molas ou são âncoras?

A ARTE DE CONFRONTAR | 117

61
Ninguém faz nada sozinho.
FAÇA UM TIME!

62
Invista na cenoide emocional durante sua comunicação: eleve e abaixe o tom de voz. Isso fará com que tenha atenção.

63
O que faz as pessoas mudarem de vida? AUTOGOVERNO.

64

Liste tudo que é difícil para você. No final, entenderá que o difícil está em você que não tem a programação para tratar isso.

65

Você é bonzinho demais! Não deixe as pessoas montarem em cima de você! Acredite, você não conseguirá decolar por excesso de peso.

66

SE VOCÊ PLANTOU, IRÁ COLHER.

67

Para de pensar em dinheiro somente. Dinheiro não é a riqueza.

68

Vítima morre de ciúmes, é insegura. Ela sempre está usando a "achiologia". Exemplo: "Me desculpe, eu achei que era isso". A vítima vive no mundo dela.

69

Todos os dons estão enterrados em todas as pessoas. Descubra os seus!

70

Se alguém lhe perseguir, aumente a velocidade!

71 Sempre deixe as pessoas em dúvida. Você deu certeza? Perdeu o jogo!

72 Você vive cansado? Então, não está cumprindo o propósito. A sua alma fala: "Você não está fazendo o que foi chamado para fazer!".

73 Não utilize a sua memória para ficar lembrando o passado. Use-a para estruturar o futuro a partir de seus erros.

74

Se você não consegue mudar a sua mente, consegue mudar o quê? Jogue fora os bloqueios, o abandone, jogue o lixo para fora!

75

Dinheiro nunca será muito. Ele representa a energia que está oferecendo no mercado.

76

Ao desenvolver um novo produto, as pessoas precisam se identificar e conectar com pessoas, e não com máquinas! Elas não querem conteúdos, e sim alma com alma, experiências com experiências. Por isso, entenda que a humanização de um produto é o que move as pessoas.

77 Às vezes, você idealiza um casamento como o do seu próximo, mas talvez você não tenha investido o tanto que aquela pessoa investiu para ter aquilo que tem. Mas, para todas as pessoas, existe uma solução! Lembre-se que você pode ser a faísca dessa transformação para o seu cônjuge.

78 A regra do jogo é de quem conta a história. Você que está contando a sua?

79 DEUS TEM UM PLANO PARA VOCÊ! E nele está escrito: a qualquer momento pode ser acessado. Faça a sua parte!

80 Quem busca a riqueza perde a alma. Busque a sabedoria!

81
Odeie a preguiça, a fofoca e pare de cuidar da vida dos outros. Governe a sua vida!

82
Mude a sua mente, mudando lugares, ideias novas e novos resultados.

83
Deus dá semente ao que semeia.

84
Hábito é quando você não se lembra do que está fazendo. É preciso acreditar em bons hábitos para não parar.

85 QUER PROSPERAR? ESTUDE, conecte-se com pessoas próspera e pare de desistir das coisas que fazem sentido.

86 Dissolva relacionamentos com pessoas que lhe atrasam.

87 Assuma o governo da sua vida, mas sempre honre seus pais.

88 Faça coisas além de sua obrigação. SEJA EXTRA OBRIGACIONAL!

89 A vida precisa ser treinada. Treine até alcançar o melhor.

90 O raciocínio é a habitação dos bloqueios. Você nasceu para quê? Para desfrutar!

91 CORTE A EXPECTATIVA E ACABE COM A FRUSTRAÇÃO.

92 Inteligência emocional não é ficar calado, e sim se posicionar.

93 QUESTIONE-SE: "Faz sentido ficar onde está?". Se tiver em dúvida, rompa com lugares e pessoas. Trace uma nova rota!

94 Mais vale uma casa em luto do que uma casa em festa. Quem estiver em luto, para pra ver a vida inteira. Já na festa só quer zoeira.

95 Seja verdadeiro, mas não sincero demais!

96 A sabedoria não é e nunca foi uma qualidade humana. Ela é a própria divindade quando está conectada com você.

A ARTE DE CONFRONTAR | 127

97 Que proveito você pode tirar com o que fazem com você? Questione-se e tire proveito!

98 Mentira é economia de energia. Todos mentem! Se falar que não, está mentindo! Quantas vezes disse que faria algo e não fez?

99 A grande diferença entre nós é que você vive esperando uma condição para sair do lugar.

100 Vai na raiz de tudo, na forma como você se enxerga! Se você se enxerga na escassez, sempre será assim. Se você se enxerga como um líder, pronto para governar, será assim. Em Provérbios está escrito: "Assim como eu penso em minha alma, assim eu me torno".

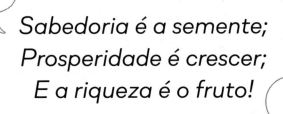

*Sabedoria é a semente;
Prosperidade é crescer;
E a riqueza é o fruto!*